引领每一个孩子的未来

上海市中小学校外教育德育研究实训基地课题研究成果集

（2015-2018年）

刘 华 主编

内容提要

本书为上海市中小学校外教育德育研究实训基地课题研究成果集。全书分三个部分：第一部分，校外活动项目开发与实施；第二部分，生涯教育区域化实施的研究与探索；第三部分，社会优质教育资源的挖掘与利用，共13篇论文，都是由学校一线教师为探索12年义务教育二期课改中课外教育质量的提升所做的课题研究，对当前的学校开展课外教学具有一定的参考价值。

本书可作为教育工作者，尤其是中小学领导，以及相关教师的参考。

图书在版编目(CIP)数据

引领每一个孩子的未来：上海市中小学校外教育德育研究实训基地课题研究成果集/刘华编. —上海：上海交通大学出版社，2018
ISBN 978-7-313-18784-0

Ⅰ.①引… Ⅱ.①刘… Ⅲ.①中小学—德育—校外教育—教育研究—上海—文集 Ⅳ.①G631-53

中国版本图书馆CIP数据核字(2018)第010192号

引领每一个孩子的未来

上海市中小学校外教育德育研究实训基地课题研究成果集(2015—2018年)

编　　者：刘　华
出版发行：上海交通大学出版社　　地　　址：上海市番禺路951号
邮政编码：200030　　电　　话：021-64071208
出 版 人：谈　毅
印　　制：江苏凤凰数码印务有限公司　　经　　销：全国新华书店
开　　本：787 mm×1092 mm　1/16　　印　　张：8.5
字　　数：166千字
版　　次：2018年3月第1版　　印　　次：2018年3月第1次印刷
书　　号：ISBN 978-7-313-18784-0/G
定　　价：58.00元

序

历时三年的上海市中小学校外教育德育研究实训基地（以下简称“基地”）就要完成首期培训任务，作为基地主持人，我带领着15名平均年龄37.5岁，来自不同中小学校、青少年校外教育机构、区教师进修学院的基地学员，从相遇到相知，从相知到相助，从相助到相惜，恍如一瞬，但收获丰厚。

相遇是缘

2014年，基地有幸成为中共上海市教育卫生工作委员会、上海市教育委员会批准的第四批上海市中小学骨干教师德育实训基地之一。经面试遴选出这批教师成了基地的“黄埔一期生”，他们中既有教语文、美术、数学的学科教师，也有从事德育、心理健康、信息技术教育的专职教师或德研员。这些学员在经历了十多年的教师生涯，正进入职业发展的高原期，面临职业倦怠、发展内驱力不足、专业突破难等一系列问题。因此，帮助他们找到个人工作与校外教育共同发展的突破口，是基地培训的重要任务之一。

基地要求每位学员制定了个人三年发展规划。学员顾琛回顾道：“还记得第一次活动，基地主持人刘华老师就把一长串的任务清单放在了大家面前，对于自己职业生涯本来就有困惑的我，一下子就体验到了前所未有的压力。”学员程巍说：“我自2009年华东师范大学毕业后就进入杨浦区少年宫担任科研员。虽然在教育理论方面我受到过比较系统的训练和培训，但是实践经验不足，对校外教育的认识及视野都比较欠缺，长此以往对单位课题研究工作的长远推进是不利的。不能靠着大学时代的‘知识’坐吃山空，要多出去走走、看看。”

基地依托上海市科技艺术教育中心资源优势，组织学员们参加了2015年上海市首届校外教育学术节、“数·智·慧”上海市中小学生涯发展教育联盟成立大会暨高中生涯发展教育现场展示活动生涯教育成果展示交流、2017年长三角地区校外教育学术研讨活动等大型学术研讨活动，聆听了上海纽约大学校长俞立中教授、中国科学院院士褚君浩、上海市教委副主任倪闽景等几十场专家报告。每位学员必须自己思考、寻找、发现工作中的问题，以问题为导向，以课题研究为载体，做中学、学中思、思中悟、悟中改，认真研究课外校外“立德树人”育人理论，凝练实践成果。

相知是福

校外教育是开放的教育，基地学员的学习也是开放的。学习场所开放、学习资源开放、学习时间开放。基地开展以“行走探访，深度思考”为主题的比较教育研究，学员们互访各自服务单位，走访博物馆、考察企业，听特色、看环境、研问题、得感悟。学员姜媛媛说：“三新学校的80多项艺术拓展性课程，中华路第三小学的老城厢内的‘小八腊子游古城’活动，杨浦区少年宫的‘三个百年’主题探究活动课程，静安区青少年活动中心的‘创意梦’工厂等，让大家对新形势下校内、校外教育各自的优势所在，有了一种全新的认识和思考。行走探访，让大家站在更高的立足点，从整体化发展的角度省视我们教育的本质，思考着作为教师，我们该如何更好地实现校内外联动，形成师资共享、课程共享和资源共享的共赢机制。”

“馆校联动”的模式在国外博物馆界已行之有年，但在我国尚处于尝试和探索阶段。基地组织学员们走进上海自然博物馆、上海博物馆等场馆。博物馆教育课程特色鲜明，切合学生心理特征的“玩中学”教学模式取代了“走马观花”的传统博物馆参观模式，为校外教育提供了新教育模式，为学员们深挖上海丰富的场馆教育资源提供了范例。

相助是智

基地是个“大家庭”，学员们作为其中的一员，既能够互相学习，又不忘智慧碰撞。基地引导每位学员，结合实际工作从课程开发与建设、生涯教育、教育资源整合与利用、活动设计等方面，自设课题。三年课题研究经历了反反复复的推倒重来，不断的探讨修改。每次课题交流，学员汇报完后，导师总会追问：“其他学员有什么没听明白的可以提问。”从一开始的沉默到后来的“火花”碰撞，大家变得越来越敢说，越来越有门道。

学员有的来自校外机构，有的来自学校，还有的来自区教育学院；有的擅长区域德育课程开发，有的将学校的德育品牌做得深入人心，有的擅长科研项目的实践研究，有的热衷对区域德育资源的利用，从而造福于一方青少年。围绕“中小学生涯教育”，学员们从不同的领域、不同的视角展开了合作研究。李攀老师立足区域，聚焦机制研究，提出了《高中生涯教育区域推进的实践研究》；姜媛媛老师的课题《区域内校外教育机构生涯教育实施的现状与对策研究》，填补了校外教育对职业生涯发展教育的空白，意义深远；张怡老师的课题《小学生“地铁探秘”职业体验项目的开发与实施》基于学校特色，利用校外教育资源开展职业启蒙教育，实施途径清晰；孔洁老师的课题《基于“微博”平台 小记者活动项目开发与实践的研究》，选题的视角小，时代性强，突出小记者职业素养的培养；程巍老师的课题《基于核心素养培育的“小记者职业体验项目”的研究与实践》，以小记者这一职业为点，解剖这个“麻雀”，经验可以复制到其他项目学习。

相惜是情

基地学员们将每次活动的通讯报道、学员们活动反思、教育前沿资讯等内容，共同精心制作成了“多元·跨界·融合”基地工作汇刊。汇刊既是学员们洞察国内外教育新动态的窗口，也是大家反思教育问题、积淀教育经验、展示才能的平台。学员董颖瑾说，“古人云，三人行，必有我师焉。在这样一个充满智慧和创造力的团队中，我仿佛置身于一个强烈的磁场。这个磁场激发我不甘人后，不断学习的强烈愿望。”学员朱青说：“刘老师的谆谆教导时常萦绕在耳畔：专业发展之路的设计，要走宽路，从一个专题扩展到一个领域；要有正确的研究方法，不能本末倒置、不能游离在专题之外；要有自己的个性，不要有意跟风；要有自己清醒的头脑，不要急功近利；要向研究领域中最好的人学习；要有恒心静得下心来做研究，要会管理自己的研究计划……它如一缕清风吹散我思绪的雾霾，如一盏明灯照亮我眼前的晦暗，引领我在科研的道路上不断前行，更坚定了我专业发展的前进脚步。”学员董颖瑾说：“这种严谨的科研态度、不断磨砺逻辑的捶打，让我毕生难忘。有时遭遇瓶颈，但总能在彷徨时得到导师的有效指导，让我体会柳暗花明的美好境界。一路辛苦，但难忘良师教益。我想良师的境界就是在放手与扶持之间收放自如，让学员在放手中学会独立思考，在扶持之时感受智慧的力量！”

三年来，上海市校外教育德育研究实训基地在上海市教委德育处的关心指导下，在上海市科技艺术教育中心领导和同事们的关心和支持下，取得了丰硕的成果。学员们在基地开眼界、学理论、找方法，在工作岗位上再历练、巧凝练、能反思，他们的成长令人欣喜。希望每个学员继续保持学习的热情、思考的习惯，在不同的工作岗位上为上海课外校外教育事业贡献自己的力量，做出更大的贡献，让我们共同牢记教育工作者的初心和使命，为了每一个孩子的终身发展而共同努力！

刘　华

2018 - 01 - 15

目　　录

第一部分　立德树人：校外活动项目的开发与实施

第二部分　辐射推进：生涯教育区域化实施的研究与探索

第三部分 融合贯通：社会优质教育资源的挖掘与利用

第一部分 立德树人：校外活动项目的开发与实施

区域性校外教育"体验式德育活动"项目建设的实践探索

颜清琦

上海市长宁区少年宫

2014年起，长宁区少年宫围绕"体验式德育活动"开展了一系列的实践与探索。"体验式德育活动"强调以实际生活为载体，以实践体验为途径，以主体发挥为方式，以情感培养为核心，使学生在多元化的实践活动过程中充分体验，在体验中逐步丰富生活的经验，积累知识，最终不断内化个人品德，提升综合素养。

经过多年的理论探索与实践反思，形成了"红领巾俱乐部"特色学生社团活动、中小学学生系列主题活动，确立了具有创新性和实效性的校外教育"体验式德育活动"项目建设的实践模式。该研究为实现长宁区少年宫"循真、育善、至美"的学生培养目标注入了新的动力，取得了较好效果。

一、研究的意义和价值

（一）德育生活化的时代要求

教育要回归学生的生活世界是教育的发展趋势。20世纪90年代，联合国教科文组织就提出，人类教育的四大支柱：学会认知、学会做事、学会共同生活、学会生存；又提出建立"无边界教育制度(学习制度)"等。

贴近生活是加强未成年人思想道德建设的基本原则。未成年人是新时代中国特色社会主义事业的接班人。对他们的思想道德教育是一项关乎国家民族前途命运的大事。《中共中央国务院关于进一步加强和改进未成年人思想道德建设的若干意见》(以下简称《意见》)指出，对未成年人的思想道德教育要坚持"贴近实际、贴近生活、贴近未成年人"的原则。小学生年龄较小，喜欢模仿身边的事物，对生活充满了好奇和渴望，因此，探讨校外体验式生活化德育教育是德育工作发展的需要。

（二）校内外德育工作发展的趋势

道德具有唤醒人的良知，协调人际关系和增强民族凝聚力的功能。德育工作是学校教育核心。然而，当前学校德育的实效性却很不乐观，问题很多。而究其原因，一个很重要的因素就在于，当前小学德育与学生的生活实际相脱节。很多教育工作者把学校德育与"政治教育"完全等同起来，教育存在一系列误区。如过于注重道德知识的讲授，缺乏生活实践；习惯用"成人世界"的思想、观念来教育学生，忽视了学生生活的体验和感悟。德育变成一种单向的知识传授与灌输过程，其结果容易导致学生知行脱节，道德认识不能转化为行为，在遭遇复杂的社会生活时难以适应；一些学生还具有

“多重人格”，表现为“当面一套，背后一套”。要解决这一问题，必须让学校德育从抽象、空洞、政治化的说教中走出来，贴近现实生活，根植于学生生活的现实世界，尊重生活，创造生活，以生活为教育源泉，通过形式多样、内容丰富的体验式德育，克服德育“高原现象”，求得实效。

近年来，体验式、浸润式的德育活动逐渐受到德育工作者的关注，让学生在活动中亲身感受、切实感悟成为提高德育实效的有效途径。作为校内德育工作的有效补充，校外德育工作也积极地发挥着自己的重要作用：更宽泛的社会情境体验，更丰富的实践内容体验，都让学生获得不同于学校的实践经验，而“体验式德育活动”项目建设也成为校外德育工作发展的重要内容。

（三）促进学生综合能力发展的需要

当前学生核心素养教育，对学生而言，是缺少实践锻炼的机会，缺少社会实践体验的活动平台。尤其是节假日，他们的活动地点更多的是在校外。因此，作为校外教育机构的少年宫要有服务意识，不仅要为学生提供更自由的活动空间，还要提供丰富的活动资源，这对学生自主活动的开展有着重要的辅助作用。

此外，少年宫作为校外教育机构往往能对校内教育资源做到有效的补充。由于学科领域的不同，校外教育机构能为学生提供更为专业、优质的涉及艺术、科技、爱国主义教育等不同内容的学科学习和实践体验，有助于进一步丰富学生的知识面，进一步提升学生综合能力发展。在校外的天地里，少先队员的创新精神能够得到激励，他们的社会交往能力能得到锻炼，自主意识能得到培养，探究能力更能得到有效发展。

（四）加强校外德育活动项目建设发展的需要

多年来，由于校外教育机构面临着学生不固定，活动时效性等情况，直接影响校外德育工作的具体实施，也导致了校外德育教育活动一直处于零散、不成体系，资源运用片面、活动内容交叉重叠、活动形式不够丰富等问题。然而，随着教育的发展，德育的系统性、循序渐进的特点就对校外德育活动提出了新的要求。一方面，应当突出校外德育工作的首要地位。把弱化的、零散的、无序的德育工作通过活动项目的方式固定下来，使德育工作成为系统的、有目的的、有计划的教育行为；另一方面，对体验式德育活动项目的研究，能使少年宫的德育模式更有示范性，特色品牌更加明显。

探索德育活动项目建设的途径和策略，有利于增强校外教育的吸引力，提升校外德育工作水平，完善校外德育功能是该课题的价值所在。校外教育没有统一固定的教材，校外教师在教育教学上有着广阔的发挥空间，这也对我们提出了更大的挑战——必须紧跟时代发展，发展学生个性，以更为灵活的活动方式、更为前沿的教学活动，与校内教育形成互补。

“体验式德育活动”项目建设不仅仅立足于校外，更多的是根据研究主题，开发校内外整合的体验项目，不仅有利于校内外的贯通，进一步提升德育的实效，也利于校外德育功能的开发与资源的充分利用。依托项目建设，还便于校外教育机构进一步探索资源整合与德育项目开发，为校外教育德育活动的创新与品牌建设提供保障。

二、研究概况

（一）研究目标

通过“体验式德育活动”项目的研究，探索校外德育活动项目建设的特点、途径以及有效策略，丰富区域体验式德育活动项目的内涵，形成文化多元、形式多样、有效评价、循序渐进的体验式德育活动项目，进一步提升校外教育教师的育德能力。

（二）研究过程

第一阶段：校外教育德育活动项目建设的理论研究与整体设计(2015.9—2016.1)

学习党和国家的教育方针政策，加强理论研究，注意情报资料的收集，做好实验试点和调查研究，形成对校外教育德育活动理性思考。

第二阶段：校外教育德育活动项目资源包的设计与开发(2016.2—2016.12)

依托现有的校外教育德育活动项目(少先队、红读、影视等)，开展以体验式德育活动课程为内容的学生社团活动课程研究，建立分类活动常态观察，加强活动项目实施途径及方法研究，开发体验式活动项目，形成校外体验式德育活动的资源包。

第三阶段：校外教育体验式德育活动项目建设的实施与探索(2017.1—2017.5)

进行课题实践，侧重在德育主题活动方面开展研究。结合工作实际，完善主题性体验德育项目分级活动的指导纲要，依托德育项目机制建设，构建促进校外体验式德育项目建设的有效途径和策略，形成部分德育项目活动案例。

第四阶段：校外教育体验式德育活动项目的管理与评价(2017.6—2017.8)

整理资料，对体验式德育活动项目实践进行反思和调整。进一步研究校外教育体验式德育活动项目的运行机制，规范过程管理，构建相应的活动评价机制；利用各种社会资源，提供服务学校、服务社区、服务学生的活动途径；建立校外体验式活动的评价机制，对校外体验式德育活动育人的目标、途径、过程、方法和结果做出评价。

第五阶段：成果展示阶段(2017.9)

完成科研成果整理，形成相关活动资源包，完成结题报告。

（三）研究方法

1. 文献研究法

查阅国内外有关“体验式”“德育”“活动项目”等关键词的相关资料，对搜索所得的资料进行分析、归纳，确定研究内容、研究重点和研究方式，借鉴有关学者的研究成果，找准研究的突破口。结合教育学、心理学的相关理论，开展本课题的研究工作。

2. 调查法

把参与“校外体验式德育活动项目”的学生为主要调查对象，与普通学生组作比照，比较在生活能力、社会交往、良好习惯培养上的差异，旨在从不同角度了解“体验式德育活动”项目的实施效果，进而更好地促进本课题的研究。

3. 案例研究法

对红读、影视、少先队等优势德育项目进行校外体验式德育项目建设的个案研究。

4. 经验总结法

总结校外体验式德育项目建设研究的成功经验，形成研究报告。

5. 行动研究

根据课题的要求，以校外体验式德育项目建设为抓手，边实践、边探索，逐步完善研究目标，促进校外德育项目建设的发展。

三、研究主要成果

(一) 调查分析,明确了校外教育的现状与问题,突显校外教育的优势和问题

为了了解学生对于参与活动的实际需求,我们向全区 52 所中小学发放了问卷。根据数据分析,我们发现学生认为少年宫最吸引自己的是“能体验学校没有的项目活动”(占 42%)。学生喜欢的活动,分别是“社会实践活动”(占 100%)、“团队游戏”(占 90%)、“职业体验”(占 85%)、“体育活动”(占 82%)、“志愿者服务”(比例 67%)。由此可见,学生更乐于选择实践体验类活动。在问卷调查中,学生们对参与校外活动有着浓厚的兴趣和需求,尤其对体验类实践类的活动表现出迫切的参与愿望。

课题组对影视、红读、少先队红领巾理事会等部分社团成员进行的调查。学生在回答“少年宫和学校活动相比较,你更愿意选择参加少年宫活动的理由是什么”的问题时,居前三位的分别是“少年宫的活动很丰富,能提供学校没有的实践体验”“少年宫的活动更自由,可以自己选择参与项目”“来少年宫参加活动的人员很多,可以和其他学校的同学成为朋友”。学生对少年宫活动不足之处(多选题)的选择,居前三位的分别是“社会实践项目太少,更新内容不及时”(占 64%)、“活动阵地太少,不新颖”(占 60%)、“活动形式单一”(占 50%)。这些数据表明,学生非常乐意参加家庭、社区及校外各类教育机构开展的活动。而校外教育活动具有内容多元化、时空自由度和开放性、选择高度自主性的特点及其资源优势可以为学生提供更丰富的活动体验。因此,作为校外教育应该因势利导,充分发挥自身的资源优势,积极探索和开发校外德育活动项目建设,为学生的社会实践多元化体验提供平台和服务,让学生在校外广阔的天地中体验活动,感悟生活,习得经验,养成能力,为他们将来进入社会,适应社会奠定基础。

(二) 理性思考校外教育体验式德育活动的框架

我们围绕“校外教育、体验式德育”这两个关键词展开调研,并收集了大量情报。从搜集到的文献数量、研究主题和研究对象上来看,我国关于“体验式德育”的研究可以说比较丰富,这表明“体验式德育”已经受到人们的重视。但是,细看这些文献,发现关于“体验式德育活动”研究数量还是比较少的。从研究的对象来看,近年来研究者多把关注点聚焦在校内特别是职业学校和高校学生身上,其中针对中职院校学生进行研究的文献数量最多并且探讨的主题也非常的广泛。对中小学等基础教育阶段的研究主要是从学校德育进行探讨,而从校外教育角度探讨“体验式德育”的研究屈指可数。

1.“体验式德育”的理论基础

根据文献研究发现有关“体验式德育”的界定有许多,一种是以“体验”一词的解读为着眼点,从哲学、心理学、美学、教育学等多个学科对该词进行分析,从而来揭示“体验式德育”的本质内涵。这类研究主要以张鸿燕教授为代表,她在《体验式——高校德育有效路径之新探》一文中,从哲学、心理学、教育学等多个学科对“体验”一词进行了多向度审视,指出体验具有主体性、情境性、生成性和情感与理智交融性等基本特征。①

---

① 张鸿燕.体验式:高校德育有效路径[J].首都师范大学学报(社会科学版)[J].2010(1):149.

而“体验式德育”的内涵也就是体验者在创设的特定生活情境中积极参与，“置身局中”“以身体之”“以心验之”，对当下的情境实现自主建构，超越其本质，生成一定的人生意义，从而达到提高德育实际效果目的的一种重要德育方法。①

另一种是从体验式德育的特点和效用出发来定义“体验式德育”的内涵，如段浩伟在其硕士论文《体验式德育发展研究》一文中指出，“体验式德育着眼于学生主体性发展，期待建构一种新型的‘主体间’关系，平等对话的沟通渠道，激发德育对象情感信念、高峰体验，以期达到‘心灵图进去，行为铸出来’。”②

结合上述文献研究，我们明确了校外教育德育活动具有鲜明的体验性，根据实施体验的形态模式，可以将校外德育活动项目分为角色体验、文化体验和社会体验。

2. 形成校外体验式德育活动的特点

(1) 校外教育体验式德育活动的特征之一——融合性

融合性是指事物之间以吸引为特征的作用方式、过程和结果，它具有促进事物良性互动、目标一致与均衡发展的基本功能。由事物关联度、目标一致度与均衡发展度所构成的融合度的三维评价，提供了研究融合性问题的一般路径与原则。

随着教育的发展，校外教育体验式德育活动的融合性主要体现在以下几个方面：

其一，跨学科融合是校外德育活动发展的新趋势。校外教育的资源优势为学生德育活动的内容与形式的多样性提供了必要的条件和基础。融合了艺术、科技、体育、实践体验活动的校外德育活动项目，为学生呈现着包罗万象、跨学科的主题单元式德育体验活动；多学科融合、多项目合作统一形成了校外教育实践体验的新项目。例如：融合舞蹈、合唱、戏剧表演的音乐剧项目就是艺术类活动融合后的新项目；又如长宁区少年宫提出的高中生志愿者服务创意项目，融合了“书画艺术创想展览”“快闪表演展示”“亲子活动游园会设计”、“佳片有约——影视＋”等涉及书画、舞蹈、合唱、器乐、工艺、体育、游戏、影视等多学科合作的社会实践活动。跨学科合作，不仅丰富了活动的内容，同时也赋予了各学科新的发展方向。

其二，校外德育活动项目建设是多元化与多层次的。校外教育机构的德育活动项目是多元化的：具体有涵盖艺术、科技、德育为一体的影视、红读等特色项目的区级、宫团学生社团，有涵盖小学、初中的区级队长精英类的红领巾理事会，有通过全区选拔的包括小记者、小编辑、小摄影等多元化角色岗位的红领巾电视台社团，还有参与范围广泛、会员制的区级红领巾俱乐部等。这些不同层次、不同项目的学生活动社团还有多元化的参与对象，这些社团除了不同年龄，不同学校的学生成员外，还有高中生、大学生所担任的志愿辅导员，宽泛的对象构成了区别于校内的学生社团组织的不同特点。

校外学生社团活动载体也是多层次的。

① 张鸿燕.体验式：高校德育有效路径[J].首都师范大学学报(社会科学版)[J].2010(1)：149.

② 段浩伟.体验式德育发展研究[D].华中师范大学硕士论文，2013：2.

以少先队为例，少年宫既有源于硬件设施提供的各类线下的社团活动（每周一次的固定学习活动），又有依托网络设立的区域性的多媒体在线微信平台（长宁领巾直通车微信订阅号），还有综合性的组织教育类阵地——队长学校。可以实现线上线下的活动并举。

校外德育活动的主体——学生——年龄往往跨度大，从幼儿园至高中，不同年龄阶段的学生的认知水平与理解能力以及生理与心理特点有很大的差异。就学校而言，往往局限于一定的年龄段，很难实现同一空间中多元对象的融合、交流与互动。而少年宫丰富的资源能满足不同年龄层次学生的活动需求，很多时候一个活动会有不同年龄段的学生担任不同的角色，共同参与、交流与互动。

（2）校外德育活动的特征之二——社会化

校外德育活动的社会化特征主要表现在以下三个方面：

其一，少年宫（少科站）是新中国成立以后建立起来的少年儿童校外教育机构，随着时代的发展，还逐渐涌现了一批新生的校外教育机构。如上海的市区青少年活动中心、东方绿洲、宋庆龄陵园、儿童博物馆、浏河营地、佘山营地、鲁汇基地等各类校外教育机构。通过组织各种丰富多彩的教育活动，对少年儿童进行思想道德教育、普及科学技术、文化艺术、体育运动等方面的知识和技能，为学生提供了丰富的社会资源。因此，这些校外教育机构是学生社会活动的阵地，具有社会性。

其二，校外活动一直是孩子们喜闻乐见、寓教于乐的，它往往打破了一定空间与时间的限制，甚至活动对象也来自社会各界，并不局限于单个学校范围、单个社区范围，甚至跨越了地区、国界范围。校外教育机构常常承办各类国际性、全国性的青少年艺术、科技类主题活动。这些活动的参与对象来自全国乃至全世界的青少年，这也赋予了德育活动更多的社会意义。

其三，校外德育活动的内容包罗万象，更多的是运用社会资源开展实践体验活动，这也赋予了校外德育活动内容的社会性。因此，校外德育活动往往具有更鲜明的社会化特征。

（3）校外德育活动的特征之三——引领性

校外教育“三面向，三结合”原则中，明确指出校外教育机构应“坚持阵地活动与指导基层活动相结合”。校外教育的各专业项目不仅要有普及，更要注重专业化发展，将其做大、做精、做强，使其具有区域引领和辐射作用，也是各地校外教育发展的新方向。德育活动也是校外教育机构中的专业项目之一，同样要求其具有一定的实验性、示范性作用。

其一，校外活动的示范性。校外教育机构常常承担着市区级学生活动的承办工作，这也赋予了校外教育机构开展的学生活动具有区域的示范性。

其二，校外活动辅导的指导性。校外教育机构具备专业教师队伍以及设有区艺术教育委员会、科技教育委员会、红读活动指导办公室、影视教育协会等，是相关专项活动指导单位。这些常设组织以及专项资源促进了区域相关工作的顺利开展、区域各项目教师团队的培训和指导工作的建设与发展。以少先队为例，在上海，17 个区的少先队总辅导员都设在少年宫、青少年活动中心等校外教育机构，这也为校外德育项目中的少先队活动项目专业化发展和区域性指导服务建设奠定了基础。

其三，校外活动的前瞻性。在当今社会科技迅猛发展形势下，能够提前把握具有潜力的对象是异常重要的。学校德育的特征是以校园文化为主阵地、课堂为主渠道的浸润德育；而校外德育是以社区文化、少年宫文化、少科站文化、各类教育基地文化为阵地，以体验教育和情境教育为主的特征的体验式活动模式。校外的广阔天地为校外德育活动创新发展提供了更多的资源和空间。

其四，国际化的合作和交流赋予校外活动的领先性。由于校外教育机构的功能特点，他们还承担着大量群众文化、科技、艺术、体育等赛事的组织策划工作。近年来，随着国际文化交流的增多，校外教育机构也常常引进许多新颖的竞赛活动和科技艺术项目。这些文化交流以及新项目的引进与组织也丰富了校外教育的活动内容和形式。这些新型活动项目的普及与推广不仅引领了活动的新发展，同时也赋予校外教育活动策划与设计具备更多的先进教育理念和新颖的活动方式。这些都让活动具有领先性。

（三）探索校外教育实施体验式德育活动的实施内容

1. 整合资源，依托学生社团建设形成体验式德育活动课程资源包

根据体验式德育项目的不同层面，通过设计开发影视、红读、少先队学生社团活动课程、编写体验式社团活动方案、设计适合“体验式德育活动”实施的活动框架、设计面向全体学生的体验式德育主题教育活动方案等多种形式，开发面向不同对象的体验式德育活动项目资源包。

（1）开发校外教育体验式德育活动社团课程，形成活动纲要

在校外教育德育活动项目学生社团活动课程纲要设计中，我们根据角色体验、文化体验、社会体验的不同特点和要求来统一设计社团活动纲要（如表 1 所示），根据研究主题，制定项目名称，使其各项目活动既有自己的特色活动体验内容，又相互兼容，层层递进，让学生在实践中体验、体验中感悟、感悟中成长，最终实现“习德内化”的目标。

表 1　红领巾新闻社团“小小媒体人”体验式活动课程一览表

研究主题	项目	角色体验活动	文化体验活动	社会体验活动
报刊新闻	小记者	《新闻报道三要素》	《走进民族文化——民乐》	街头采访实践
		《通讯稿的撰写》	《走进民族文化——书画》	身边的雷锋“采访”记
		《笔名的故事》	《端午节乐体验》	
	小编辑	《pop 海报文字》	《走进民族文化——民乐》	走进《少年日报》编辑部
		《排版的艺术》	《走进民族文化——书画》	寻访《少年儿童出版社》
		《照片和文字》	《我们的端午小报》	《印刷博物馆之旅》

（续表）

研究主题	项目	角色体验活动	文化体验活动	社会体验活动
电视新闻	小记者	《电视新闻 ABC》 《新闻播报仪态礼仪》 《人物采访 ABC》	《走进民族文化——长宁武术操诞生记》 《为农民画点赞——走进西郊,走进农民画》	《领巾直通车——校园新闻播报体验》 街头采访实践《佳片有约——我最喜欢的电影》
电视新闻	小记者 小编辑	从《新闻联播》到《焦点访谈》——新闻节目的特点 《新闻纪实——多元化的新闻节目》	《大世界里话非遗——海派文化知多少》	参观寻访 《成长进行时,走进闵行少儿电视台》 《探访长宁民俗文化馆》
电视新闻	小编辑	《可凡倾听》与《对话》——采访中的经典 《电视节目巧策划——巧用思维导图》 《新闻背后的故事》	《爱的传递——中外公益广告对比》 《探索与发现——中外纪实节目赏析与对比》	《我们的节目我做主》节目策划招标会 参观寻访 《我形我秀——走进长宁校园电视台》
广播媒体	小记者	《巧练基本功 1——会说普通话》 《巧练基本功 2——巧练绕口令》 《巧练基本功 3——语速与语调》 《节目中的配音》	广播节目经典赏析 1——沪语节目听听看 广播节目经典赏析 2——娱乐与音乐 广播节目经典赏析 3——新闻纵横与路况直播	模拟实践 1《点点趣味吧——木糠杯制作》节目拍摄实践(复旦小学烘焙屋) 模拟实践 2《校园新闻早班车》节目直播实践(现代职业学校电视台)
网络媒体	小编辑	巧用 APP,乐当小编辑 微信直通车,平面巧设计 微信手机报,页面巧设计 QUIK 初体验,视频巧编辑	案例赏析 ——长宁区少年宫微信平台的构思与设计 经典赏析 ——巧评综艺节目(以爱奇艺为例)	模拟实践 1 ——长宁领巾直通车,微信节目我编辑(第 12～14 期) 模拟实践 2 ——长宁领巾直通车,微信直播巧设计(第 15～16 期)

在资源包的建设中我们完成了校外教育“体验式德育活动”方案集锦和活动案例。

(2) 创设“影视＋”分年级影视特色体验项目

结合少年宫影视教育资源,根据不同年龄段的学生需求,我们开发了“影视＋”系列分层实践体验活动项目(详见表 2)。

表 2 “影视＋”系列分层实践体验活动项目一览表

学　段	角色体验类	文化体验类	社会实践类
学龄前	卡通嘉年华	欢乐大荧屏	
小　学	小小影评家 配音小达人 电影小编剧 影视六格画设计师	走进中国经典电影	寻访上海美影厂
初　中		奥斯卡电影赏析	走进电影博物馆
高　中		电影中的表演艺术	微电影拍摄初体验

（四）形成校外体验式德育活动项目建设的策略

1. 校外体验式德育活动实施的有效策略

(1) 任务驱动，自主实践的活动策略

在实施“体验式德育活动”中强调学生的自主性是保证活动实效的最关键的因素。提升学生自主性的有效策略，是赋予学生更多的实践体验。在前期的调查中，学生对于校外教育活动的高度自主性给予了肯定，并表现出较强的诉求。因此，如何搭建平台，为学生创设自主活动的空间，成为提升校外实践体验活动实效性的重要内容。在德育体验项目实施过程中，通过任务驱动的方法来实施德育体验活动，设计充分发挥学生的主体性，在活动体验过程中引导和促进学生团结协作，自主探索，合理解决活动中的问题，完成活动任务，从而来引导学生参与活动，能合理满足学生的需求。

无论是社团管理机制的制定还是学生阵地活动的设计，可以邀请学生共同参与活动策划和讨论。这样一个过程既可让学生体验社团活动的自主选择，也是一项绝好的自我教育机会。充分尊重学生的权利，让他们在习惯养成中发挥主人作用，自己养成哪些好习惯，改正哪些坏习惯，自己采用哪些方法，主动学会与他人合作，在“体验式德育活动”中潜移默化地获得德行的内化。

(2) 资源融合的开发策略，旨在拓展活动内容

体验活动如果手段简单，或者是教条灌输，就会缺少童趣和科学性，那只能是一种形式，没有真实的指导意义。学生喜欢在形式多样的体验式活动中感觉快乐，于是我们尽量设计编排能使学生乐于参与，可操作性强，丰富多彩的“体验式德育活动”。我们遵循资源融合的策略，从三个方面入手，开辟新领域，拓展新内容，开设新项目。

一是学科融合，丰富活动内容，开辟全新项目。跨学科合作与融合不仅是校外教育发展的新趋势，同样也是项目创新，活动创新的有效策略。为此，我们依托少年宫的艺术教育资源，将艺术活动与实践体验相融合，结合“艺术项目＋活动项目＝新项目”的公式，依托长宁区少先队队长学校建设，先后开设了“鼓动童心”艺术团拓展活动、“影视＋”“艺术＋”志愿服务创新活动、“画领袖”队长领导力训练营等新项目。

二是资源整合，拓展活动阵地，丰富活动内容。长宁区现有博物馆、纪念馆、美术馆、名人故居等爱国教育基地、科技教育基地、国防教育基地等资源 30 多个，为校外活动提供了丰富的场馆资源。因其所属不同单位，校外教育机构之间的合作显得十分有限。为此，我们依托长宁区校外教育联席会议制度，积极拓展服务对象，扩大合作力度，先后与布

尔什维克纪念馆、宋庆龄陵园等爱国基地合作,将学生的入团入队仪式活动、学生讲解员实践服务活动引入这些基地,为多元化的社会实践体验内容增添了新的活动元素。

三是拓展对象,多元合作,打造全新活动项目。校外活动的对象有别于校内,其本身具有多元化的特色。我们充分利用这项优势,积极拓展活动对象,探索多元化对象的联合活动的机制与特点,开辟出新的实践体验内容。例如"党员+队员"依托校外红读、影视活动的特点,探索"老少共学""老少共读""老少共享"等系列活动。又如,"团员+队员",我们结合高中生志愿者服务内容,积极开辟"五四六一——哥哥姐姐社团活动",结合高中生的年龄特点和个人所长,将高中生纳入小学、初中的社团管理,由高中生担任小助教、小辅导员,协助老师开展相关的社团活动。再如,我们引入职业角色,"军人+学生"丰富少年军校、八一建军节、国防体验营等传统活动,"公安+学生"建立消防夏令营,交通宣传员、安全自护训练营等主题活动,"金融+学生"开辟"小小理财师""快乐小当家"等活动课程,"医生+学生"探索"健康生活小妙招""食品安全知多少""重演敬老学养生"等特色活动。

(3) 坚持体验方式的现代化

"00后"青少年思维活泛,喜欢接受新鲜事物,如微博、微信、微电影等网络文化。网络既然是青少年喜爱的生活方式,社会就应该重视对青少年的网络引导。鉴于网络、微信等新媒体在青少年群体中的巨大吸引力,校外教育体验式德育可以因势利导,创设喜闻乐见的互动体验平台或网络德育体验园地,开发生动活泼的教育资源,开创德育互动体验新空间。因为网络本身具有虚拟平等的特性,可以释放学生在现实活动中或多或少的顾虑,其表现更加真实自然,体验更加深入细致,笔者认为具体可从两方面着手。

一是开辟网络虚拟体验平台。开设"快乐E家"内网学习的信息乐园,学生可以通过网络在"快乐E家"信息平台里观看电影动画,玩一玩益智游戏,学习各种通识性的兴趣课程;开通微信公众号,通过公众号的"微新闻"板块介绍活动信息,"艺趣堂"板块发布网络微课,介绍教育常识,开展数字队长学校的在线学习;通过"互动吧"板块提供阵地活动预约,社团艺术团在线报名,活动投票等交互性的互动体验。构成打破空间和时间限制的虚拟少年宫,为学生、老师和家长提供新媒体的虚拟生活体验。

一是开发现代德育生活载体。载体是事物运行发展的媒介与依托,体验式德育也需要适时的载体传承。传统的学校德育,以纸质传媒、文本符号为主要的形式,而现代社会,文本载体的外延获得极大发展,纸质典籍、电子资料、音像传媒等丰富人们视听,深化人们的全息体验。我们的活动对象正处在梦想飞扬的阶段,体验式德育的"源头活水"正是借以发展青少年发现现实的兴趣,比如以历奇体验活动为载体,让青少年在寻宝探险体验活动中激发团结互助的集体意识,生成明断是非的理智感;以多校联动或多区联动的生生之间,军生之间,党团队员之间多元化的学生社交体验活动为发展载体,引导学生学会"融冰",破除陌生,学习与不同人群交往,对话体验,在发展的过程中习得人伦美德的意义。

2. 校外"体验式德育活动"项目建设的支持策略

要保障校外体验式德育活动项目建设

的有序开展，加大少先队、影视、红读等德育专项的建设力度，还必须注重项目建设有效策略的研究。为此，笔者认为可从以下几方面着手开展相关的实践。

（1）建立长宁区少年宫“体验式德育活动”项目研修教研组

为了进一步加大长宁区少年宫体验式德育活动项目建设的力度，结合课题研究活动的开展，结合少年宫德育工作实际，我们将各项目的负责老师以及部分社区少先队辅导员一起纳入教研组，一起参与上述课题实践研究，定期开展活动，就长宁区少年宫体验式德育活动项目建设进行沟通与交流，积极探讨和研究以德育项目为主体的学生社团建设以及相关活动项目建设的推进方法。教研组的建立不仅有效地促进了长宁区少年宫少先队活动、影视活动、红读活动项目的发展，也为课题的实践研究提供了社区联动的活动基地，从而保障了课题的实施与开展，这些实践经验也成了检验研究成果的最佳途径。

（2）建立社区、学校、少年宫德育工作联席会议制度

发挥长宁区少年宫校外德育工作的实效性关键在于充分调动校内校外的力量，形成合力。为此，学校、社区、少年宫的德育工作联席会议成为校内外有效联合的最佳沟通途径。为了进一步加大校内外的合作与联合，我们依托区少先队工作委员会的资源优势，由优秀的社区辅导员、区教育局德育科科长、团区委学生工作部部长共同担任联席会议的成员，按时召集少年宫周边辖区内的学校大队辅导员共同参与，从活动信息上互通有无，从活动保障上互相支持，从活动途径上内外合作，相互呼应，从而保障少年宫中小学生德育活动项目在校内的宣传和推广。

（3）开展德育项目建设通气会，定期汇报工作进程

根据少年宫所制定的德育领导小组以及德育工作机制，利用通气会时间，每月一次，定期向学校领导和行政汇报德育活动项目推进工作情况，讲问题、提困难，寻求少年宫政策与资金上的扶持，从而确保校外德育活动项目建设的实践与研究。

四、课题研究的主要成效

（一）促进区域学生德育文化活动丰富多彩，取得良好社会效益

结合课题研究，着力于长宁区少先队、影视、红读、家庭亲子活动，周末活动的建设，加大校外教育机构（少年宫、社区）之间的合作，充分发挥自身优势，在活动文化、阵地文化、组织文化建设上积极发挥引领作用，共同研究开发以“快乐少先队”为主题的体验式少先队活动辅导材料[①]，惠及全区 52 所中小学和 10 个社区，进一步丰富少先队的社区活动、促进学校少先队文化的发展。

自 2015 年以来，截至 2017 年 6 月，长宁区依托网络设立的“数字队校”已成为寒暑假队长培训活动的主要形式，长宁区的少先队员们共有 2.6 万人次参加了数字队校学习，每学年少先队主题博客访问数平均为 1.2 万人次。

① 指《快乐少先队——小红星集体舞示范教材》（使用范围：全区中小学）、《快乐少先队——长宁区少先队队章教育数字故事集锦》（使用范围：全区中小学）、《小能人的七十二招——少先队队长实务手册》系列（使用范围：2009 年作为区少代会专项成果，2010 作为数字队校学习材料）。

依托长宁区虹桥志愿网，长宁区累计1.8万名少先队员上网注册成为志愿者。少年宫开辟的“快乐阅读吧”综合图书管理员、“红领巾讲解员”“亲子游园会活动管理员”、“红领巾四国大战小裁判”“红领巾淘宝节服务员”“红领巾爱心拍卖师”等近 30 多项志愿服务项目，累计提供红领巾志愿者岗位实践达 6 000 多次。

作为品牌项目的红领巾淘宝节，开展至今共进行了 15 场的“爱心义卖”，15 场“爱心拍卖”活动，累计爱心资金达 3.6 万元。在其运作的 3 年中，长宁区的中小学生勤俭节约意识有所增强，尤其是挑食、饭菜浪费现象得到纠正。此项活动也有利推动了长宁区“垃圾分类”项目的开展。为了便于废物回收兑换资金，越来越多的孩子都在班级里、家里设立了矿泉水瓶收集箱、废报纸收集箱，逐渐养成了垃圾分类的习惯。

（二）促进了学生的综合能力的发展

根据课题研究的内容，我们推出的区级队长培训模式也受到了广泛的好评。我们打破了以往单一的区级授课的传统模式，开辟了网络培训加博客上传作业、校外辅导员向小辅导员授课、小辅导员向队员授课的阶梯培训方式，不仅让更多的队长受益，而且也为更多的队员提供了学习实践的平台，这种多元组合的学习培训模式更为灵活便捷，也受到了基层学校以及社区辅导员的认可。来自天山二小的大队辅导员徐琳老师这样评价：网络培训强调基础知识的学习巩固，区级培训提升队长的综合素养，学校培训面对实际解决问题，三种模式融会贯通才能让每个队长从中汲取丰富的知识，得到有效的锻炼；而区级培训与校本培训的互助互补才能保证每一个队长综合能力的提升与发展。

此外，通过网络培训，一大批能力出色的队长脱颖而出，在长宁区第九届红领巾理事会的带领下，开展了一系列由队员们自主创新设计、自行组织管理开展的少先队活动。

（三）提升了校外辅导员文化活动设计与辅导能力

课题的研究和探索不仅提升了学生的能力，更多的是在活动中提升了校外辅导员的个人专业水平。通过针对性的课题研修，少年宫群文教师对校外德育活动项目的认识水平得到了极大的提升，尤其是对如何开展校外活动建设的工作方法的认同和了解大有提高。通过专项培训以及子课题研究，除了少年宫校外活动教师的能力提高了，社区辅导员的工作能力提升则更为明显。华阳社区少先队率先召开了社区少先队代表大会；新泾镇社区少工委充分利用社区资源，建立了“百联快乐休假屋”，不仅荣获了区少先队特色项目奖，更成了长宁区社区少先队活动的经典案例之一。天山社区还荣获了上海市未成年人思想道德先进单位，社区少工委还于 2011 年推出了“爱的传承——好公民宣讲团”，成为社区的另一项少先队品牌活动项目。

五、反思与展望

今天，我们的道德教育面临着空前的挑战。

一是从世界范围来看。信息、经济的全球化发展以及价值多元化在日常生活中的渗透为道德教育筑起了更加严峻的外部壁垒。

二是从我国内部自身来看。随着改革开放和社会主义市场经济建立的全面发展，我们迎来了一个以现代化为根本特征的社会转型变革时期。这一特殊的社会转型变革，呼唤人的主体性和创造性，要求我们的道德教育要尊重学生主体地位，回归生活世界。

三是从德育自身发展来看。当前我国沿用的是以封闭、单一社会结构建立起来的道德教育模式，这一德育模式忽视现代社会开放和价值多元、忽视道德教育主体的本质、忽视现代社会对自主性和创新精神的呼唤，其具体表现为“教育形式单一化、内容抽象化、要求高标化、目标去生活化。”受教育者每天处在生活世界中，却在教育者的支配下去记诵既定的道德规范条文，遗忘了对生活的生动体验，结果导致学生群落的“幽闭文化”“蛋壳文化”现象。学生中出现了精神倦怠，逆反心理以至厌弃生命的现象。这又进一步削弱了德育的实效性。

面对此种境况，在强调教育合力的今天，校外教育机构作为一支重要的教育力量，如何充分利用各种资源，立足自身具有的校外教育优势，以活动为载体，让学生在活动参与中，在实践体验中，接受传统文化的滋养、感受开放包容的多元文化熏陶，成为有着中国心和世界眼光的公民，这已成为当下校外教育机构担当自身教育责任的一项重要议题。

首先，我们从校外教育角度探讨“体验式德育”的研究刚刚起步，还未有丰富的经验和充分的方法，在研究内容上比较注重少先队、红读、影视等资源丰厚的活动项目建设，但在亲子活动、家庭教育板块还涉猎不多。家庭亲子德育文化是一个丰厚的沃土，亲子活动除了家庭的载体外，更多的活跃在校外。因此如何依托德育项目建设，进一步拓展其他板块的项目建设，研发新的项目，例如生命教育，职业教育等新项目是我们今后要努力探索的内容。

其次，对“体验式德育”的研究以“课程方式”进行实践的探索比较多，目前我们将德育项目的社团活动课程根据角色体验、文化体验、社会体验三个板块来分类的做法还不够完善，尤其是文化体验板块活动课程设计不多，而这样的板块可以大展拳脚去探索和研究。

另外，目前在“体验式德育”的相关研究中对“体验式德育”的评价还比较少。我们虽有涉猎，但研究不多，评价的方式和方法也不丰富，有待于进一步研究和探索。

参考文献：

[1] 刘惊铎.道德体验论[M].北京：人民教育出版社，2003.

[2] 内尔.诺丁斯.学会关心——教育的另一种模式[M].于天龙，译.北京：教育科学出版社，2003.

[3] 陈怡.论知性：体验式德育[M].南京：东南大学出版社，2014.

[4] 刘惊铎.体验——道德教育的本体[J].教育研究，2003(02).

[5] 肖建新.中小学体验式德育模式初探[J].当代教育论坛，2005(11).

[6] 刘济良.生命体验——道德教育的意蕴所在.教育研究，2006(1).

[7] 赵飞，刘惊铎.试论体验式德育教材的理论前提[J].山东师范大学学报(人文社会科学版).2007(04).

[8] 张鸿燕.体验式：高校德育有效路径[J].首都师范大学学报(社会科学版)[J].2010(1).

[9] 刘惊铎.生态体验的德育魅力[J].思想理论教育，2010(02).

[10] 朱梅芳,张丙昕.以绿色体验式德育为基础的社会实践模式研究[J].漯河职业技术学院学报,2015(3).

[11] Rose, Norman S. Moral development: The experiential perspective[J]. Journal of Moral Education. 1992, Vol. 21 Issue 1.

[12] 靳江丽.体验——学校道德教育的一种回归[D].南京师范大学,2004.

[13] 李小玲.论高校体验德育的建构[D].华东师范大学,2006.

[14] 韩菲.生态体验德育研究[D].河北师范大学,2011.

[15] 李丽.体验式德育的现实问题与改进策略——小学品德课教学的审视[D].东北师范大学,2012.

[16] 段浩伟.体验式德育发展研究[D].华中师范大学,2013.

[17] 黄衎.体验式教育的原理与应用研究[D].上海师范大学,2014.

[18] 朱秀.高职院校体验式德育模式的理论与实践研究[D].华东师范大学校,2015.

[19] 郭会彩.体验式德育校本课程开发与实施的个案研究[D].西北师范大学,2015.

[20] 应雄.小学体验式德育资源包开发研究——以成都市武侯区某城郊小学为例[D].四川师范大学,2016.

区域中学生志愿服务实践基地建设的研究

方 玲
上海市长宁区少年宫

一、研究背景

(一) 开展中学生志愿服务的意义

1. 落实中学生志愿服务的文件要求

为贯彻党的十八大和十八届五中、六中全会精神，落实《关于加强中学生志愿服务工作的实施意见》《上海市普通高中学生综合素质评价实施办法(试行)》《关于加强上海市普通高中学生志愿服务(公益劳动)管理工作的实施意见(试行)》等文件政策，引导中学生践行社会主义核心价值观、增强社会责任感和社会实践能力，加强中学生志愿服务工作、规范志愿服务管理，已成为当前青少年教育的一项重要课题。

2. 校外教育机构自身工作的需求

从公益性的校外教育机构自身发展来看，也需要吸纳志愿者组织和开展具体活动。就校外教育机构而言，每周都会开展大量的公益性各类学生活动，其中就有许多岗位，迫切需要志愿者加入。而以此为基地开展志愿服务课题研究，从学生实际需求、收获及发展的角度来组织实践活动，将能立足实践服务基地功能建设与拓展，不断开发、丰富志愿服务活动形式与内容，也将提升学生参与社会志愿服务的兴趣，提升活动质效。

3. 学生成长的需求

从学生成长来讲，志愿服务活动，是他们在学习之外深入接触社会实际的独特经历，不仅能丰富学生生活阅历，提升其社会责任感，同时也可增强协作精神、团队精神和帮扶弱势群体意识。

(二) 开展中学生志愿服务的现实基础

1. 长宁区少年宫已有基础

2010长宁区年少年宫改建修缮以来，多元化的艺术教育和德育实践活动深受基层学校和学生家庭的欢迎。随着公益性服务力度的增强，面向社区开放力度也进一步加大，为此，长宁区少年宫先后联合区教育团工委成立了教师志愿者团队，并与多家大学签订志愿者服务协议，2013年至2017年多次被评为长宁区优秀志愿者服务基地。5年的大学生志愿者活动的策划、设计与管理，1 895人次的志愿者接待与管理，长宁区少年宫教师志愿者服务项目的运作，为少年宫开展高中生志愿者服务实践基地建设奠定了坚实的基础。2015年6月长宁区少年宫正式成为区域高中生志愿者服务实践基地，发展至今已完成了3所高中的签约，并为其提供了27批次的志愿服务岗位，参加志愿服务的学生达160人次，共计651志愿服务学时。我们还尝试在区红领巾理事会（主要成员为初中生）中组织开展志愿服务活动并进行相关培训，在“欢乐周末”和“缤纷假期”等活动中插入“哥哥姐姐大讲堂”环节并实施，丰富了志愿服务的实践形式，积累了一些实作经验。长宁区少年宫也从单一的定岗式服务项目向技能支持类、创新设计类志愿服务拓展，新颖的服务项目也受到高中生的欢迎和好评。实现自我价值，提供高端服务的志愿者项目成为长宁区少年宫重点实施的研究内容。长宁区少年宫也力求依托项目建设，探讨如何以少年宫为联结点带动，积极争取与周围场馆、社区、学校合作，形成联动效应，推动中学生志愿服务基地建设的集群式发展，并在实践基地建设中，聚焦志愿服务实操性培训与指导、真正促进学生个体素养综合发展。

2. 开展中学生志愿服务的现实问题

上海新高考方案，提出了有关学生社会综合实践能力的要求。为落实该项要求，2015 年以来，上海陆续认定了 1 000 多家市、区（县）两级学生社会实践基地，面向高中生全面开放，并提供十余万个学生实践岗位，以满足他们完成高中阶段 60 小时志愿服务的需求。但在实施过程中，由于缺少经验及成功范例，志愿服务存在一些不足，具体表现为以下几个方面。

(1) 岗位设置数量偏少与志愿参与人数众多之间的矛盾

高中生综合素质评价工作开展以来，志愿服务岗位提供与高中生志愿服务需求之间的矛盾较为突出，主要是由于以往没有学时要求时，参与志愿服务的人数与频度远没有现在这样高，而且由于高中生有了参与志愿服务的硬性学时要求后，不少初中也自发扩大了对学生参与志愿服务活动的需求。这就不仅要扩展更多新的志愿服务基地以接纳中学生志愿者，也需要志愿服务基地挖掘自身潜能，开发出更多的志愿服务岗位。

(2) 岗位服务内容单一性与学生需求多样性之间的矛盾

提供的志愿服务岗位较为单一，以机械重复劳动为主，对学生的吸引力不高，志愿活动易流于形式，学生们希望能参与一些能够发挥自己能力和创造力的志愿服务活动。

(3) 服务实际质效与志愿服务期待之间的矛盾

学生们对志愿服务意义的认识及相关技能的掌握往往不足，导致其或是在参与志愿服务时，不能很好地完成岗位要求，或是在组织志愿服务活动或选择志愿服务岗位时，存在一定的盲目性，不能与自我认知相匹配，从而导致一方面学生参与志愿服务的成就感不足，另一方面志愿服务岗位的提供方对中学生志愿服务的认可度也不高，这就要求我们设计系统的志愿服务培训，以提高中学生的志愿服务水平。

基于以上矛盾，同时在注重中学生综合素质发展、鼓励中学生参与志愿服务的大背景下，少年宫更应积极开展中学生志愿服务的探索，以更好地实现少年宫“循真、育善、至美，促进学生多元发展、为学生幸福生活奠基”的办学理念，同时也能够为其他社会实践基地提供参考和借鉴。

3. 填补中学生志愿服务的研究空缺

(1) 从主体看，对成人志愿服务多于对中学生志愿服务的研究

在已有文献研究中，大学生青年无疑成

为志愿服务的主体，而关于中学生志愿服务的相关文章屈指可数。因此，加强对中学生参与志愿服务的研究显得尤为迫切。

(2) 从场地看，对博物馆等社会性场地多于对教育机构的志愿服务研究

在已有研究中，博物馆、图书馆、社区往往是中学生志愿服务参与和培训的主要场地，而青少年校外教育机构在中学生志愿服务中的角色缺失。探讨少年宫等校外教育机构参与中学生志愿服务中的作用，构建以少年宫等校外教育机构为主体的区域中学生志愿服务实践基地是校外教育机构承担自身教育责任，发挥自身育人特色的重要载体。

(3) 从定位看，缺乏学生长期从事志愿服务活动意向的培育

如今，在政策扶持之下的志愿服务逐步受到社会各界的广泛关注，各单位积极响应政府号召，各显神通。各地也在尝试探讨志愿服务活动的开展以及培训课程开发等。但就目前已有研究情况来看，还缺乏培育志愿服务精神、引导学生将志愿服务作为长期活动的目标定位认识。因此，本研究试图以此为突破点开展中学生志愿服务实践基地建设，努力发挥中学生志愿服务的社会效应，从而为提升其社会实践能力、公民服务意识以及全面发展奠定基础。

(4) 从建设看，中学生志愿服务基地建设的集群式发展有待加强

目前有关志愿服务基地建设的研究多是某个社区、高校或场馆单独进行的，缺少场馆、学校、社区之间的联动合作。因此，探讨如何以少年宫为联结点带动，积极争取与周围场馆、社区、学校合作，形成联动效应，推动中学生志愿服务基地建设的集群式发展，将作为本研究的重要组成部分，以期弥补现有研究的空白。

二、研究过程与方法

(一) 概念界定

中学生志愿服务：即初、高中生不以获得报酬为目的，自愿奉献时间和智力、体力、技能等，帮助他人、服务社会的公益行为。

中学生志愿服务实践基地：主要指社会场馆、校外教育机构、社区等能为中学生提供志愿服务岗位，并能够开展中学生志愿服务相关培训及指导，使其胜任志愿服务岗位工作的单位或场所。

(二) 研究目标

(1) 拟通过调查分析中学生志愿活动现状与需求，设计开发适合不同学段、不同技能需求的实践岗位，形成岗位说明书，开发实施不同学段的中学生志愿服务培训课程，形成有效的学生志愿服务实践基地运转工作机制。

(2) 在实践中融入理性思考，深入探索吸引招募中学生参与志愿服务活动的经验策略，挖掘区域中学生志愿服务基地建设的规律与机制，为进一步推进中学生志愿活动的建设、更好地调动中学生参与社会、服务社会的积极性提供可参考的经验与建议。

(三) 研究内容与方法

为实现如上研究目标，本课题的研究思路框架如图1所示。

1. 研究内容一：志愿服务的岗位设计与招募

(1) 文献研究：探索已有研究中有哪些可借鉴经验及做法

通过中学生志愿服务、青少年志愿者、志愿者基地建设、志愿者等关键词查找文献资料，从政策层面、理论层面和现实层面进行梳

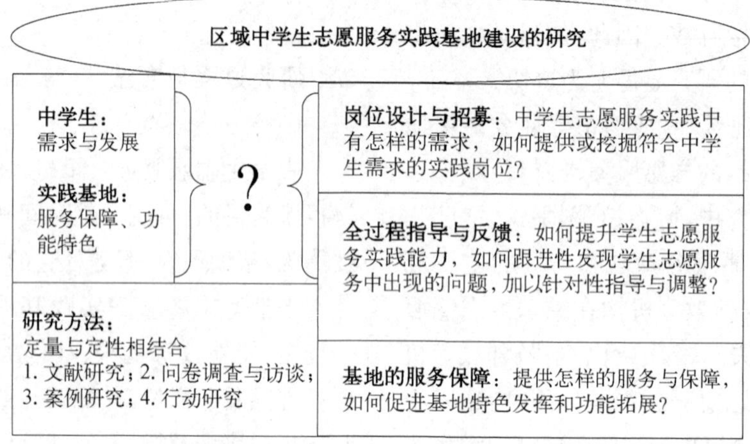

图1　区域中学生志愿服务实践基地建设的研究框架

理，形成文献综述，为课题研究提供理论支撑。

(2) 调查研究：探析学生在志愿服务实践的基本问题和需求

设计问卷调查，召开相关教师、学生座谈会，进一步了解区域中学生志愿服务活动的现状，并了解中学生对于志愿服务活动的期望与需求，通过调查分析，为接下来的岗位开发和志愿服务课程建设提供参考依据。

(3) 行动研究：开展模块化、菜单式中学生志愿服务实践岗位设计与开发的实践研究

在不断尝试与改进中厘清学生招募有哪些渠道和特色性岗位，设计适合不同学段的中学生志愿服务实践岗位，并根据实际需求不断调整，形成岗位说明书。在岗位内容及形式上力求突破创新，并由此总结出中学生志愿服务实践岗位设计开发的策略与方法。

2. 研究内容二：志愿服务的全过程指导与反馈

文献研究与行动研究：探索如何借鉴他人经验并结合中学生实际，开展志愿服务岗前课程培训；并跟进指导与阶段性、总结性评价反馈。

(1) 分析学生需求，确定培训目标。根据调研问卷，根据不同学段学生需求和现实基础，拟订培训目标。

(2) 根据岗位特点，细化培训内容。根据初、高中生的不同身心发展特点细化通用培训、岗位培训和专业培训等培训内容。

(3) 选择培训方式，组织培训实施。针对不同的培训内容，拟采用网络自学、座谈交流、模仿体验、现场实践等方式组织实施。

(4) 跟进指导服务，完善评价反馈。结合志愿服务预期目标与志愿服务实践活动进程，分别开展过程性评估反馈与结果性评估反馈。

3. 研究内容三：志愿服务基地的服务保障

(1) 行动研究：从基地服务与保障的角度，对中学生志愿服务的岗位信息发布与招募机制、指导与考核机制、服务保障机制三方面展开研究。

(2) 经验总结：进一步总结、提炼志愿服务基地建设的自身经验与不足，并从特色发挥和功能拓展的视角展望今后的发展方向。

三、研究成果

（一）开展基地志愿服务的岗位设计与招募

1. 调研需求，开发多样化志愿服务岗位

通过调查得知，虽然学生们对于要求比较单一的志愿服务岗位的需求量很大，但他们也希望能参与一些能够发挥自己能力和创造力的岗位。基于以上考虑，并结合长宁区少年宫自身特点，我们可提供给中学生选择的志愿服务岗位划分成定岗服务、技能支持、创意设计三大类。并在少年宫原有的活动阵地管理员、游园会活动游戏管理员、少儿学生美术馆讲解员等岗位基础上，又创新设计出了专项培训达人、环境美化达人、才艺表演达人、游戏活动研发师、影视论坛策划师、红领巾新闻创编师等多个具体岗位。每个岗位由于所属类别不同，具体要求不同，能胜任的难易程度也不同。学生可自由选择自己想要参与的服务岗位。如表 1 所示。

表 1　少年宫多样化志愿服务岗位设置表

岗位类别	岗位特点	岗位名称	岗 位 内 容	招募要求	招募范围
定岗服务类	基于志愿服务基地自身需求	活动阵地管理员	本单位活动阵地：包括电子阅览室、活动室、欢乐园等提供管理服务	耐心细致，做事有条理	初高中生
		游园会活动游戏管理员	负责游戏项目的组织管理与服务	耐心细致，有责任心	初高中生
		少儿学生美术馆讲解员	为参观少儿学生美术馆的学生提供引导讲解服务	勇于表达	初高中生
		……	……	……	……
技能支持类	注重参与学生的自身兴趣特长的发挥	专项培训达人	在“哥哥姐姐大讲堂”活动，为弟弟妹妹们传授自己所长	有兴趣特长的学生	初高中生
		环境美化达人	在“我的少年宫我做主”活动中，参与少年宫的环境设计	有书画工艺特长的学生	初高中生
		才艺表演达人	在“七彩小舞台”活动中，为全区小伙伴们提供欣赏同龄人表演的机会	有才艺特长的学生	初高中生
		……	……	……	……
创意设计类	以团队项目研究为载体，给予学生更大的自由度和自主创新设计的空间	游戏活动研发师	在“游戏活动创新设计”活动中，创新设计各类游戏活动，并制作各类活动道具等	对游戏活动感兴趣的学生	初高中生
		影视论坛策划师	依托中小学生影视教育特色活动项目“光影随行影评＋”学生论坛活动平台，由高中生项目组共同策划与设计集电影精彩片段赏析、电影主题探讨交流，向小学生、初中学生介绍国内优秀电影，共同探讨学生视角下的电影鉴赏	对影视活动感兴趣的学生	高中生

（续表）

岗位类别	岗位特点	岗位名称	岗 位 内 容	招募要求	招募范围
创意设计类	以团队项目研究为载体，给予学生更大的自由度和自主创新设计的空间	红领巾新闻创编师	承担长宁区少先队红领巾直通车，学生采访视频素材的编辑整理，以微视频格式完成小记者学生新闻拍摄节目的后期制作与编辑。以个人的视频编辑技能所长为全区的少先队员提供帮助与服务	有视频编辑特长	高中生
		……	……	……	……
……		……			

2. 组建志愿服务专业社团

从2016年起，我们借助少先队、影视等条线，招募初中红领巾志愿者社团和高中影视志愿者项目团队。初中红领巾志愿者社团的定位是让有志于长期从事志愿服务活动的学生进行有关志愿服务的专业学习，包括志愿服务的具体知识、技能技巧，以及团队组建方式等，从而为培养未来从事志愿服务事业的专业化人才奠定基础。而由高中生组成的志愿者项目团队，凭借自身专业知识，通过向身边人推荐优秀影片，开展影视论坛等活动，在中小学生中推广优秀电影推广的志愿服务活动，从而让更多优秀电影的引领中小学生成长。高中生通过自身视角推荐的电影比专家指导更能贴近学生、引发学生的共鸣。在这一过程中，志愿者除了充分领悟"奉献、友爱、互助、进步"的志愿服务精神，也实现了自我教育，自我价值和自我梦想的实现，更为他们未来专业化发展提供了历练的机会。

为了让岗位更加符合学生个性化的需求，我们进行了中学生创新设计类志愿服务实践岗位探索，让学生自主设计岗位成了长宁区少年宫开展志愿服务活动工作的一大亮点。目前在游园会志愿服务活动项目中，我们在游园会活动开设之前邀请学生共同参与游戏项目和道具的开发与设计，让他们自行设计所需的志愿服务岗位，提出岗位服务要求等。

3. 打造志愿服务品牌活动

结合长宁区少年宫艺术教育和影视教育项目特色，我们以"影视＋""艺术＋"等品牌特色开展志愿服务活动。

依托长宁区少年宫中小学生影视教育特色活动项目"光影随行影评＋"学生论坛活动平台和志愿者服务基地建设，我们推出了"影评＋""微视频 DIY""微电影 DIY"三个项目。目前在"影评＋"项目中，我们重点开设了专门的影视论坛，招募志愿者组建项目团队，向全区中小学生推荐、介绍、解读优秀影片，把"看电影，评电影"的良好习惯及电影中蕴含的先进文化正能量、中国梦想传递给同学们，使同龄人学会理解电影，感受影视艺术的魅力，在电影中寻找梦想，放飞梦想。

依托长宁区少年宫各类艺术教育项目，

打造中学生“艺术＋”志愿者服务项目。在表演类项目中，尝试推出“我们的舞台”主题类中学生艺术梦想系列活动。该类活动主要是面向学校戏剧、合唱、舞蹈、武术等艺术社团学生，推出“快闪”新播客——创意展演项目。在造型类项目中，我们推出了“绘聚吧”个人或团队特色作品展览志愿服务活动，主要面向学校中对摄影、工艺、书法、绘画类有一定爱好和特长学生开展志愿展演活动。

通过这些志愿服务品牌活动的打造，我们期望参与志愿服务的学生可以用自己的一技之长回报社会，实现自我价值，同时也希望可以吸引更多的青少年志愿者参与到志愿服务之中，让青少年参与志愿服务成为一种常态。

（二）开发志愿服务基地培训课程

1. 分层培训目标

根据调研问卷，根据不同学段学生需求和现实基础，拟订培训目标（表 2）。

2. 志愿服务分层培训内容

每一个岗位都提供基本的培训。设置成几个模块，如：① 志愿服务通识培训；② 自我认知与岗位选择；③ 岗位培训；④ 岗位实践；⑤ 评价与反馈。其中第①、②、⑤模块，可提供统一的网络课程、授课模板及评价量表，供老师们使用；而第③、④模块，则由各项目教师根据所负责的具体岗位的需求，自行设计并安排课时，完成志愿服务的岗位设计与招募，结合实践，形成合理化的岗位评价。具体课程学习安排如表 3 所示。

表 2　分层培训

总体目标	分层目标
激励和引导更多的中学生弘扬志愿精神，投身志愿服务活动	初中生：初步了解志愿精神，能在自我认知的基础上，选择符合自己的的兴趣特长的志愿服务岗位，并在志愿活动中感受“奉献、友爱、互助、进步”的乐趣
	高中生：能将“奉献、友爱、互助、进步”志愿精神内化为个人行为，通过不同的志愿服务岗位上的锻炼，促进各方面能力的发展，提升综合素养；在志愿服务中感受无私奉献的幸福与快乐

表 3　分层培训岗位课程学习安排表

单元名称	单元学习目标	课时	活动主题	学习内容	实施策略（学与教的策略、学习方式、指导）
第一单元：志愿服务通识培训	了解志愿服务的相关知识	2 课时	志愿服务知多少	1. 志愿服务的相关概念、特征及其主要内容 2. 志愿服务的起源及其发展 3. 志愿服务的典型人物及事例	网络自学 提供相应自学检测单
			志愿服务中的文明礼仪	1. 志愿服务礼仪中的基本原则 2. 志愿服务礼仪中的要点： （1）仪容礼仪 （2）服饰礼仪 （3）仪态礼仪	

（续表）

单元名称	单元学习目标	课时	活动主题	学习内容	实施策略（学与教的策略、学习方式、指导）
第二单元：自我认知与岗位选择	1. 能正确的认识自我 2. 在自我认知基础上进行志愿服务岗位的选择	2课时	了解我自己	1. 自身参与志愿服务动机的认知 2. 对自己的能力和特长的认知 3. 对自我性格的认知 4. 对自我健康状况的认知	网络自学，辅以志愿服务适用心理测量工具（人际关系自我评定量表、情绪稳定性自我测验量表、性格量表）
			志愿服务岗位选择	1. 初步了解志愿服务岗位要求 2. 结合自己的性格、能力和特长选择相应的志愿服务岗位	破冰活动，增进彼此了解；根据所选志愿服务岗位分组并交流
第三单元：岗位培训	在模拟的现场环境中进一步熟悉志愿服务岗位任务	依岗位定	岗位要求ABC	介绍志愿服务的具体岗位内容、岗位要求、现场突发事件处理与应对、管理流程	小组合作准备，分角色模拟，交流互评
			岗位模拟Show	分组模拟，为正式上岗做好准备（为有条件的岗位提供跟岗实践机会）	
第四单元：岗位实践	能灵活运用所学知识，胜任志愿服务岗位	依岗位定	志愿服务小达人	履行岗位职责，能处理突发事件	教师提供即时支持
第五单元：展示及交流	深化岗位认知，深入理解和领悟志愿服务精神实质	2课时	志愿服务Show	分小组展示志愿服务心得（包括各自的感想与收获，遇到的问题，建议与对策等）为他人提供借鉴	团队讨论、交流教师引导

（1）志愿服务网络通识课程

通过调查得知，初高中生对培训的内容需求较为一致，总体上排在第一位是志愿服务的基本知识和技能，占80.46%。其次为志愿服务活动岗位设计、策划、项目洽谈等。再次为应急措施的处理。最后为志愿服务团体组建。

而志愿服务的基本知识和技能的相关内容，除了现场培训外，少年宫还设计了志愿服务网络通识培训课程，通过少年宫微信公众号分期向公众推出（已完成）。

（2）志愿服务微课

为改善某些中学生志愿者存在盲目选择、功利化参与等现象，特采用情境化故事设计微课，以刘凯俊、叶欣然等人参加志愿服务社团，并在其中磨炼成长的故事，展现了要想成为一名合格的志愿者所需要学习与经历的所有环节。以期让学生在激发兴趣，增加了解的基础上，能够自觉自愿地参与到线下志愿服务培训及实践活动中。其主要目标在于：① 学生初步习得相关志愿服务的知识及文明礼仪；② 学生深化对志愿服务精神的理解；③ 激发广泛兴趣，进一步自觉自愿参与线下志愿服务实践过程，服务他人、提升自我。目前已经根据“认识志愿服务”“志愿服务文明礼仪”“志愿服务岗位模拟体验”“志愿服务反思与跟进指导”“志愿服务岗位实践与提升”等五大主题设计了五节线上微课，见表 4。

表 4　志愿服务线上微课

课　时	各节微课主题（主题标签）	故事情节呈现（情节标签）
第一课	认识志愿服务	懵懂入团
第二课	志愿者服务文明礼仪	匆忙出征
第三课	志愿服务岗位模拟体验	牛刀小试
第四课	志愿服务反思与跟进指导	寻找秘籍
第五课	志愿服务岗位实践与提升	同舟共济

（3）线下志愿服务培训实践课程

一是“少儿学生美术馆”志愿服务培训实践课程。结合坐落于少年宫中的上海学生美术馆学生美术书法工艺作品的展出，在少儿学生美术馆讲解员的基础上对学生美术馆的志愿服务岗位进行细分，推出签到接待员、观展引导员、展厅管理员等志愿服务管理岗位，招募有书画特长或有讲解意愿的学生，展开培训实践活动。结合具体岗位要求，学习观展的专业知识以及语言表达能力，通过岗位模拟，训练学生在导览过程中的文明礼仪以及对应急情况的预案处理等。

二是“影评＋”志愿服务培训实践课程。依托长宁区少年宫中小学生影视教育特色活动项目“光影随行影评＋”学生论坛活动平台和志愿者服务基地建设，由高中生组成志愿者项目团队共同策划与设计，以项目研究为载体，着重于电影的专题探索与评论，通过团队共同策划和设计电影精彩片段赏析、电影元素（人物、色彩、构图、音乐等）分析、电影主题探讨交流等，向小学生和初中生介绍国内优秀电影，共同探讨学生视角下的电影鉴赏，以此使志愿服务活动项目更符合高中生的创造性需求。志愿者向身边人推荐、点评优秀影片，比专家指导更能贴近学生、引发学生的共鸣，实现“身边人教育身边人”。

三是“游戏活动研发”志愿服务培训实践课程。依托少年宫以民族节日节庆为主题设计开展的了游园会活动，学习创意游戏活动设计的方法，以团队为单位，结合具体主题如国庆节、中秋节等设计游戏活动，通过大家智慧火花的碰撞，去粗取精，形成完整的游园会活动方案并组织实施，学生们不再像往常一样仅仅是游园会游戏活动的管理者，同时还是活动的设计者，在这过程中他们的成就感也会更高。

通过这一系列的培训与实践，志愿者充分领悟“奉献、友爱、互助、进步”的志愿服务精神，同时也实现了自我教育、自我价值和自我梦想。

3. 培训方式

通过调查得知，初高中生对培训的内容需求较为一致，排在第一位的仍是志愿服务的基本知识和技能，其次为志愿服务活动岗位设计、策划、项目洽谈等，再次为应急措施的处理，最后为志愿服务团体组建。初高中生对培训的形式需求也较为一致。对现场实践和模仿体验的选择占大多数，均达到70%～80%以上。

因此根据不同的培训环节采用网络自学、模仿体验、现场实践、座谈交流等不同的培训方式。

(1) 培训初始阶段

以网络自学为主，讲授为辅。着重志愿服务的基本知识和技能的学习，通过微信公众号平台发布网络自学课程，自主开展基础知识在线学习，提供即时测试与反馈；通过性格特征和能力自测，推荐符合其能力和性格的志愿者岗位。

(2) 线下学习阶段

以模仿体验和现场实践为主，讲授为辅。以场景再现的形式，进行模拟演练，以期在正式志愿服务活动中能正确处理与应对。通过现场彩排、上岗实践等环节，学生能够履行并挖掘某一项目中的志愿服务岗位，锻炼提升自我，并深化对志愿服务精神的理解。

(3) 反馈提升阶段

以座谈交流为主，表彰奖励为辅。邀请资深志愿者，与培训学生们一起座谈交流各自在志愿活动中的感受与体验，从而深化对志愿服务的认识。

4. 志愿服务评价体系

(1) 网络学习评价

对应网络课程的每一课时，我们提供了相应的自我检测题，供学生们进行自主评价，了解对课程的掌握情况。

以志愿服务微课为例，每一课我们都提出了一至两个问题或要求，供学生思考与行动。例如，有关于收获评价的(如：通过学习，你觉得自己之前对志愿服务的理解与现在的理解相比多了哪些新的认识?)，有进行知识检测的(如：志愿服务礼仪中有哪五种原则？在志愿服务文明礼仪中引导及指示的手姿有哪四种?)，有角色假设的(如：你觉得叶欣然和刘俊凯之所以在模拟事件当中表现出差距的原因是什么？如果你是他们其中的一员，你又会有怎样的表现呢?)有模拟体验的(如：请以小组为单位模拟一次志愿服务活动。)也有经验分享的(如：你觉得如何才能在志愿服务过程中获得自我提升呢？你是否有过类似的经验?)

(2) 志愿实践体验评价

在线下的模仿体验和现场实践环节，设计了志愿服务反馈表供学生使用，包括了志愿服务反馈改进和服务评价等三部分。除了希望了解学生在志愿服务时遇到了什么样的问题或疑惑，采取了什么应对措施，以及对类似问题的改进建议，更是在此反馈的基础上，由学生进行自我满意度的打分评价，并对评价或服务收获的进行文字性的描述，帮助学生进行自我评价及反思。借助志愿服务反馈表，学生们还可以进行小组内的互评，教师也会给每一位学生进行打分及评价。反馈表将作为过程性评价资料保存在学生的档案中。

(三) 中学生志愿服务基地的保障举措

1. 人员保障

对于教师方面，确保定岗定人，每一个志愿服务岗位都有专职教师负责。对参与志愿服务的学生进行岗前培训、过程指导与结果反馈，保证学生在志愿服务的过程中能够得到即时支持，通过实践能够胜任自己的岗位，不断提高自己的服务水平。对于志愿者队伍，我们通过社团培训及实践，不断提高志愿者队伍的凝聚力。

2. 平台保障

开辟网络平台，在少年宫微信公众号上设立专栏，定期发布中学生志愿服务系列培训课程，供学生上网学习。在通过学校条线发动学生参加志愿服务社团和志愿服务项目活动的同时，通过微信公众号发布志愿服务社团招募和志愿岗位招募信息，扩大社会的知晓率。

搭建交流平台，举办志愿者论坛，邀请参与少年宫各类志愿服务岗位的中学生志愿者交流他们在志愿服务过程中的感想与收获、畅想与反思，并邀请资深的大学生志愿者、教师志愿者和家长志愿者作为嘉宾，共同探讨如何更好地开展志愿服务，并在服务中帮助他人，成就自己。

3. 激励保障

通过调查得知，初中生对提供相应纪念品这一反馈形式的需求较大，达到 45.52%，高中生仅有 34.21%，而高中生对提供相应证书和志愿服务人员提供培训、参观等福利这些反馈形式选择的比例要比初中生高。这说明高中生随着年龄的增长，对精神的反馈需求开始高于对物质的反馈需求。

因此我们注重物质激励和精神激励相结合，制作宣传志愿服务的小纪念品，如垫板、文件袋等。为每位参与志愿服务培训和活动的学生提供相应培训或服务证书。建立服务进阶激励措施，通过参与活动的次数、效果的考评，发放相应的志愿服务进阶徽章，并进行优秀志愿者的评选活动，对评出的优秀志愿者进行相应的宣传表彰。注重长期激励与短期激励相结合，充分调动学生参与志愿活动的主动性和创造性，使他们养成长期从事志愿活动的意向与自觉。

四、研究成效

（一）中学生志愿服务的社会效益

2015 年 6 月长宁区少年宫正式成为区域高中生志愿者服务实践基地，发展至今已完成了 3 所高中的签约。长宁区少年宫从单一的定岗式服务项目向技能支持类、创新设计类志愿服务拓展，新颖的服务项目也受到高中生的欢迎和好评。实现自我价值，提供高端服务的志愿者项目成为少年宫重点实施的研究内容。此外，少年宫还依托少先队资源，将初中的志愿者服务也纳入参与对象。依托区红领巾理事会（主要成员为初中生）组织开展红领巾志愿服务活动并进行相关培训，并结合区少先队六一集会、建队节仪式活动以及少年宫假日阵地活动项目“欢乐周末”和“缤纷假期”等活动，开展红领巾志愿者小队实践，以及“哥哥姐姐大讲堂”等活动并实施，进一步丰富了中学生志愿服务的实践形式，积累了经验。随着公益性服务力度的增强，面向社区开放力度也得到进一步加大。

通过本课题的研究，长宁区少年宫除了面向中学生开展志愿服务活动之外，同时也相应探索了教师、家长及大学生的志愿服务活动。如联合区教育团工委成立了教师志愿者团队，并与多家大学签订志愿者服务协议。而近段时间以来，我们又进行了家长参与志愿服务的初步尝试。我们邀请有某一艺术才能和特长的家长走进艺术团为学生传授知识，获得了艺术团学生的广泛好评。在未来我们还将计划在游园会活动中招募家长志愿者，让他们以家庭为单位开发活动项目，最大限度地吸收和利用社会资源，拓宽发展思路。

教师（家长）志愿服务活动、大学生志愿

服务活动、高中生志愿服务活动、初中生红领巾志愿服务活动,“成、大、高、初”的一体化发展为我们开展志愿服务活动提供了衔接式、一体化发展的可能。

(二)推动了区域志愿服务基地建设

通过课题建设,研究了以少年宫为联结点,积极争取与周围场馆、社区、学校合作形成联动效应,推动中学生志愿服务基地建设的集群式发展,并在实践基地建设中,聚焦志愿服务实操性培训与指导、真正促进学生核心素养的发展。目前,我们与华政附中等三所高中以及刘海粟美术馆签订了协议,并与周围社区、场馆进行经验交流和资源共享。积极探索以少年宫为中介的宫、馆、校、社区多方协同共建的模式,形成教育合力,为中学生参与志愿服务搭建一个社会大课堂。

(三)促进区域中学生综合能力的发展

通过一系列的举措,学生们可以根据自身的需求,自主选择少年宫面向全区学生提供多元化的志愿服务岗位,在培训中进行文明礼仪的训练,专业技能的培养,在岗位的实践体验中,学会与人进行良好的沟通交流,磨炼自己的意志,发挥自己的特长,克服自身的缺点。在这过程中,他们学会了合作,懂得了分享,培养了他们战胜困难的勇气和决心,提高他们各方面的素养和才能。

开展 Scratch 创意教育发展学生创新能力的探索与实践

卞　庆
上海市黄浦区青少年科技活动中心

随着当前教育改革不断深化，我们越来越深刻地认识到创造精神、创新能力是未来人才必备的核心素养。培养学生的创新意识、创新精神和创新能力，不仅成为实施素质教育的重要内容，更是当前校外教育面临的一项紧迫任务。Scratch 是一种低门槛的编程技术，能帮助学生快速有效地掌握信息技术，从而提升学生的信息技术能力和创新能力。笔者和研究团队通过对 Scratch 技术的再开发再利用，总结出开展创意教育发展学生创新能力的策略和方法，并将此成果实践推广，以有效提升学生的创新能力。

一、研究缘起

（一）研究背景

1. 创新能力的培养要求不断更新理念、开拓手段

培养创新人才、培养学生的创新能力是实施“科教兴国”和可持续发展战略的重要途径。随着当前教育改革不断深化，我们越来越深刻地认识到创造精神、创新能力是人才素质的核心。培养人的创新意识、创新精神和创新能力，不仅成为实施素质教育的重要内容，更应当成为当前的一项紧迫地问题。笔者认为学生创新意识和创新能力的培养，不仅要求我们不断更新教学理念、开拓教学手段、营造创新氛围，还需要找到一条适合学生身心发展要求、能激发学生兴趣和符合时代发展趋势的有效途径。

2. 创新能力的培养要求和信息技术素养的提升

《上海市中小学信息科技课程标准》中指出，“用信息技术解决问题的能力是提高信息素养的关键能力”“帮助学生有效、安全、规范、自信地使用信息技术解决问题，并为学生在信息化社会中生活、学习及持续发展，提供知识基础、技能和方法支持，以及价值观引领。”但是，综观现行中小学的信息科技教学发现，无论在教学内容还是在教学模式上，都远远落后于信息技术飞速发展的步伐，缺乏学生的自主性、实践性的学习指导，都存在着诸多问题。

（二）研究意义

本课题的意义体现在两个方面。

1. 着眼于创意，落脚在实践是创新教育的一个行之有效的途径和方法

创意来自生活，创新来源于动手实践。“实践出真知”，人类历史上的一切进步创造都是和实践劳动密不可分的。所以，对学生创新精神和创新能力的培养自然也离不开

实践探索。本课题对学生的创新教育就是在学生实践活动和动手操作的过程中完成的。我们借助了 Scratch 技术,但是绝不受技术的限制。学生通过 Scratch,开展多方面的创意互动,在学习和游戏中逐渐培养其创新意识和能力。

2. 着眼于合作,落脚在活动是学习方式的一个开拓和革新

Scratch 创意教育的学习方式主要是通过多元化跨学科学习活动,联动学校、家庭、社会各个方面实施 Scratch 科艺创作活动。我们通常需要通过营造 Scratch 创新环境、搭建协作平台等措施,组织学生投入和参与学习活动,并引导学生体验分享和合作。在 Scratch 趣味编程教学的系统设计中,学生可以在一个充满互动合作、寓游戏于学习的环境中有创意地表达自己,随时和同伴分享学习的体验和乐趣,沟通学习的难关,分担学习的任务,从而充分激发出自己的创造力来,并习得团队沟通合作的能力。在 Scratch 创意教育过程中,教师是学习的引导者、合作者、协调者、沟通者。总之,对于师生来说,Scratch 创意教育是学习的一次革新,带来的是一种全新的学习的方式和体验。

二、研究综述

(一) 概念界定

1. Scratch 软件

Scratch,是美国麻省理工学院开发的、专为 8 岁以上儿童设计的一款图形化开源编程软件,其语言很简单,以搭积木的方式来完成程序的编写。另外,它还有一个视觉图像库,能将不同类型的媒体,如图像、音乐、声音等互相组合。它能以编程的方式完成各种交互类的游戏、动画、故事片、音乐,并能模拟物理现象,非常适合小学生学习,为信息技术课堂增添了新的活力。

2. 创新能力

创新能力是技术和各种实践活动领域中不断提供具有经济价值、社会价值、生态价值的新思想、新理论、新方法和新发明的能力。

(二) Scratch 软件的特点

1. Scratch 软件是学习和运用现代科技的工具

运用 Scratch,孩子们可以很容易地去创造交互式动画和游戏,然后把自己的创作共享到网站上去,是未来孩子利用多媒体表达自己创意的一个便捷的工具。

2. Scratch 软件是对传统学习理念和教学模式的革新

利用 Scratch 可以在学科学习中很方便地开发实验工具,这是信息技术介入到传统课程的一种模式。此外,作为一项内涵丰富的教学工具,Scratch 提供一个以学生为中心的教学环境,学生通过操作与制作的动手实践,实现自主学习。

3. Scratch 软件对培养学生创新精神有着积极的意义

学生在使用 Scratch 创作作品时经历想象—创造—游戏—分享—反思的过程,是创新意识的培养过程。此外,Scratch 操作简单,趣味性强又能有效地训练学生的发散思维。所以,Scratch 为培养学生的创新能力提供了良好的环境和平台,具有明显的优势。

4. Scratch 合作学习的平台有利于培养学生团队合作精神

在基于 Scratch 平台的学习中,学生以小组为单位,为了完成共同的学习目标而相

互研究、讨论、启发，学生间会产生很多联想，有效培养了他们的团队合作精神。

(三) 国外开展 Scratch 创意教育的研究与实践

1. Scratch 在美国

Scratch 是由美国著名的麻省理工学院媒体实验室于 2007 年开发。2008 年、2010 年、2012 年美国麻省理工学院召开的三届 Scratch 软件技术年会之后，欧洲也开始有了建立本土 Scratch 技术社区的想法。2013 年 7 月，Scratch 软件欧洲年会在西班牙巴塞罗那举办。这次会议的主题之一是讨论如何把 Scratch 从编程爱好者的世界带向课堂应用的世界，使之成为构建日常教育环境的一部分。

2. Scratch 在日本

在日本，Scratch 的推广主要是由一个民间的公益组织“Scratch-日本”来实施。在日本，Scratch 也深受学生喜爱。2013 年 9 月，由日本本土著名的计算机教育家安倍和宏编写的一本针对小学生的 Scratch 教材正式出版，除了从零起点讲授程序设计的基本原理外，教材中还提供了大量的程序学习与相关学科的学习相整合的案例，包括语文、数学、科学、社会、音乐、体育等不同学科。这种整合一方面体现在编写的软件将会应用于其他学科的教学当中，比如制作一款数学出题软件，另一方面，其更主要的意义在于，在 Scratch 软件的学习过程中应用其他学科的案例，甚至讲授其他学科的知识。

(四) 国内开展 Scratch 创意教育的研究与实践

1. 香港和台湾地区 Scratch 活动的推广经验

香港青年协会从 2007 年起在中小学阶段引入了 Scratch 活动。通过 LEAD 创意科艺工程计划推进 Scratch，并进行了课程的实验教学。目前，香港有 400 多所中小学参与了这项活动计划。

台湾的 Scratch 课程启动也是从 2007 年开始的。学校教师在 Scratch 的推进过程中发挥了重要的作用。

2. 上海市黄浦区 Scratch 活动的实践体验

2012 年 11 月 7 日，在市教委体卫艺科处、市科技艺术教育中心、上海市头脑奥林匹克协会及黄浦区教育局的支持下，市信息技术教师发展工作室的成员们在黄浦区青少年科技活动中心参加了 LEAD 创意教育研讨会暨教师工作坊活动。

2013 年 5 月 18 日“智慧城市　创意少年　幸福生活” Scratch Day China 主题活动在黄浦区青少年科技活动中心成功举行。活动带领孩子们在轻松快乐的创作活动中，享受到与同伴协作共创的乐趣。值得一提的是，活动采用了不同于以往的评价模式，使学生们的自我意识和参与意识得到充分的体现。

三、研究过程与方法

(一) 研究目标

通过构建和实践 Scratch 创新主题活动项目，优化 Scratch 趣味编程教学的系统设计，开展多元化跨学科的科艺创作，组织实施基于分享、合作的 Scratch 创意设计活动，形成并剖析 Scratch 创新设计的案例，研究开展 Scratch 趣味编程教学对于发展学生创新能力的影响，探索有利于学生创新能力发展的有效途径，增强学生信息处理和沟通的能力，培养创新意识和创新思维，提升他们的信息素养和创新能力。

（二）研究思路

创新能力是通过发散性思维而表现出流畅、变通与独特的解决问题的能力。它是在智力发展的基础上形成的一种综合能力。要培养学生的创新能力，应在激发学生的学习兴趣、培养学生的想象力、提升学生的分析问题能力等方面入手，努力营造创新环境与创新氛围。Scratch平台的引入，为培养学生的创新能力提供了良好的环境和平台，总体构建思路如下：

1. 一个空间

一个空间，即Scratch教师空间。它是由信息技术教育专职教师，以及热衷于Scratch教学的教师组成的一个研究群体。初期，可能仅限于黄浦区相关教师，随着对Scratch教学应用的深度和广度的不断认识和开发，“Scratch教师空间”将成为全国相关教师的沙龙，通过不断地学习互动，逐步加强对Scratch理论研究和Scratch软件的开发利用，促进教师和教学的与时俱进。

2. 一个营地

一个营地即Scratch青少年训练营地。它承担Scratch的学习和推广工作，是青少年Scratch创意活动的实践基地。提供青少年开展Scratch创意活动的场地，并可以以流动少年宫的形式，将Scratch打成资料包，送资源到偏远的学校，有效地推进Scratch的普及以及推广。此外，还为学有余力的学生，提供了进一步探究Scratch编程的实验场所。

3. 一个网络

一个网络即Scratch创作成果分享的网络平台。该平台的搭建大大缩小了地域的限制，师生可以随时交流Scratch的学习心得和创作喜悦，也可以通过互联网，开展区际，市际，甚至全球的体验展示活动，将Scratch的教学成果辐射到更广阔的领域。

（三）研究过程及方法

本课题的主要亮点就是以Scratch技术为切入口，充分利用Scratch操作简单，容易入门同时又具有很大的拓展空间等特点，可以和各种主题、各个学科相结合，不断拓展出新的创意和内涵来。围绕“创意教育”“创新能力”两个核心任务，坚持活动与实践两个抓手，从四个方面开展研究。

1. 构建和实施Scratch创新主题活动项目，学生发挥和表达无穷的创意

（1）结合2013年Scratch创意设计主题活动暨第二届黄浦区青少年科技节的“垃圾分类处理 美丽城市生活”主题，开展表达绿色环保理念、构思垃圾分类妙招的创意设计活动。

（2）结合“英才中小学教师培育计划”，带领学生参加青少年科技创新大赛，开展Scratch创新专题设计活动，在“英才计划”名师专家的指导下体验科学、体验科研。

（3）在麻省理工学院开发并管理的环球分享平台Scratch社区中设计、分享属于学生的数字文化作品，参加“Scratch day”全球嘉年华活动，通过线上、线下双重活动提升学生的创造能力、合作学习能力。

（4）开展Scratch亲子共学同乐活动，通过这种崭新的亲子沟通模式来体验科技在生活中的应用。

2. 开展多元化跨学科学习活动

优化Scratch趣味编程教学的系统设计，开展多元化跨学科学习活动，采用学校、家庭、社会联动的学习形式来提高学生运用技术的解难技巧和创新能力。

（1）结合学生的年龄特点和心理发展

规律，完善教学内容和流程，通过“想象—创作—除错—分享”、“回馈—反思—再想象”，培养学生勇于探索的创新精神和善于解决问题的实践能力。

(2) 构建 Scratch 趣味编程活动的评价策略、结构和形式，从多维度进行综合评价，促进学生有条理地思考和体验创新的快乐。

(3) 开展将科学、工程、多媒体、艺术、音乐等融合在一起的科艺创作活动，学校、家庭、社会联动，发展学生的信息文化素养和应用科技的流畅能力。

3. 探索运用 Scratch 趣味编程有效发展学生创新思维的策略、模式，并加以组织实施

(1) 研究营造创新环境、搭建协作平台的策略和措施，组织实施基于分享、合作的 Scratch 创意设计活动，学生在一个充满互动合作、寓游戏于学习的环境中有创意地表达自己，以利于学生领略团队沟通与合作的艺术。

(2) 研究综合运用多种 Scratch 教学工具和生活中的素材是激发学生的学习兴趣和创造热情的途径和手段。

(3) 拓展 Scratch 教学外延，进行 Scratch 学习资源研究和建设，开展艺术文化体验、参观科技创新企业等多项科艺活动，在亲近科学和艺术的过程中感受和参与创新，在科学与艺术融合中催生创新思维。

4. 以案例研究 Scratch 教学对学生创新能力的影响

通过案例研究开展 Scratch 趣味编程教学后学生的发展过程，确定其对发展学生创新能力的影响。

(1) 剖析 Scratch 创新设计项目的案例，研究开展 Scratch 趣味编程教学对培养学生多元智能的影响。

(2) 追踪学生参与 Scratch 趣味编程活动过程中的发展变化，确定 Scratch 创意设计活动对促进不同认知风格、性格类型的学生提升创新能力的作用。

四、研究主要成果

(一) Scratch 创意教育发展学生创新能力的策略

1. 以信息技术拓展课为基础，激发初中信息技术爱好者的编程学习

兴趣是求知的源泉，是直接推动学习的内部动力。结合 Scratch 的特点即操作简单，趣味性强。Scratch 以其形象、直观的积木式指令代替了枯燥的代码指令，在利用 Scratch 编程中，学生不需要大量记忆，能根据指令的名称了解其意义。编程就像搭积木，只要用鼠标拖动指令就能编写程序，大大降低了学习的门槛，使每个学生在 Scratch 创作中都有不错的表现。

2. 以项目活动为驱动，吸引预备、初一年级学生参与编程学习

结合黄浦区青少年活动中心举办的“垃圾分类处理 美丽城市生活”Scratch 主题创意活动。将废旧纸箱、废旧光盘等作为原材料，配上 Scratch 与 makey－makey 的硬件板子，鼓励学生通过直觉思维、联想思维、发散思维等方式思考如何变废为宝，享受美丽城市生活，并动手实践搭建出既环保又具创意的作品。

3. 以拓展课班级为试点，研究 Scratch 程序软件对学生创新能力的作用

通过一个项目活动或者任务，在试点前让班级学生进行思考，记录下学生思考的过程和结果。在试点过程中，再次引入同一个

项目活动或者任务再次记录下学生思考的过程和结果，并与第一次进行分析对比。追踪学生学习 Scratch 过程中的发展变化以及 Scratch 对于培养同一个学生不同时间段创新能力的影响。

4. 搭建学生 Scratch 项目交流平台，拓宽眼界促进反思

参与体验青少年活动中心举行的“Scratch Day”活动，在活动中，观察、学习外校学生的 Scratch 作品，并让学生积极参与，与外校同学的交流和互动，开拓学生的创新思维能力。通过“http：//scratch.mit.edu/”这个网站，让学生上传作品供全球 Scratch 爱好者分享、评论，同时也能体验别人分享的数字作品。

（二）基于学生创新能力的 Scratch 开发模式

如何进一步降低计算机编程软件的准入门槛，让更多的小学低年级学生也能参与到创客活动中来，是实现信息教育全阶段覆盖的一个重要课题。笔者及其研究小组一起开发基于树莓派的 Scratch 创新学习模式，开发 Scratch 嵌入式平台，创建 club house 计算机俱乐部等实践探索，较好地满足了不同学习阶段学生的需求。

1. 基于树莓派的 Scratch 创新学习模式

树莓派是英国慈善组织“Raspberry Pi 基金会”开发的，以提升学校计算机科学及相关学科的教育，让计算机变得有趣为宗旨，为学生计算机编程教育而设计的卡片式电脑。开发了基于树莓派的 Scratch 创新学习模式，实现了不同学习阶段学生的需求、学习的趣味性、自主性，为学生学习 Scratch 提供了更多的便捷，同时将其产品在创客空间使用，产生了强大的由校到区、由点到面的辐射功能。

2. Scratch 创新学习模式的两大内容模块

（1）DIY 自主 Scratch 编程学习模块。学生可以在 Scratch 学习模块中按自己程度选择不同的学习方式。在不同学习阶段中，学生可以通过视频引导程序进行模仿练习，也可以根据拓展问题中的提示进行编程，当然也可以根据自己的想法进行编程活动。

（2）基于 Scratch 游戏的课程学习与评价模块。结合中心积点活动，我们设计了关于英语的 Scratch 游戏进行积点活动的评价以及关于数学加法练习的聪明格游戏器。

3. 系统亮点

（1）学习模式自主化降低教师资源。系统主张学习模式的自主化。任何几个模块组进行拼搭都会展现出相应的效果，比较适合在创客基地中进行体验活动时使用。在创客基地中可以将教师与高年级的学生志愿者相结合进行流动指导，这样可以大大降低教师的资源，同时在生生互动过程中体现“教学相长”的效果。

（2）学习模式分层降低学习年龄段

“教你玩”俱乐部的学生以三年级以上为主，低年龄段的学生参与度较低。树莓派设计的 Scratch PI 有一个“新建模块”分类。该模块可以将较复杂的程序进行打包，形成新的模块，便于低年级学生的使用。

五、成果与展望

（一）成果

在“以人为本”、“培养创新型人才”等理念的指导下，借助 Scratch 创意教育、互联网现代教育等高科技媒体等，学生可从自己的

兴趣与爱好出发，尝试将自己的“胡思乱想”亦或是“奇思妙想”变为现实，成为一位成功的创客。Scratch 主题活动作为正是让学生的各种梦想能够开花结果的实验基地，是童心筑梦、圆梦的欢乐天地。课题组开展了以下 4 个模块推进 Scratch 研究工作。

1. 为创意插上翅膀

组织开展了“音为梦想”——2015 年青少年“Scratch Day China”主题活动。让孩子们自由创作，用 Scratch 来创建、编写自己的互动式故事、游戏、动画、音乐和艺术，充分表达自己的音乐创意思想。比如，大宁国际小学学生作品“追逐古典”，利用 Scratch 2.0 版本的摄像头让游戏玩家追逐古典油画中的小动物，在运动娱乐的同时欣赏音乐；荆州市东方红中学学生作品“中国武术节律训练器”，利用 Scratch 软件播放音乐，同时配以节奏程序不断检测人偶上的传感器是否被练习者击中，让更多人可以对武术这项民族传统文化项目产生兴趣。这些精彩的创意作品，向我们传递着一个信息，那就是当科技遇到艺术，激发出来的是无限的创造力，让创新教育释放出更加精彩的光芒。

2. 线上、线下的互动、合作与分享

以第三十届青少年创新大赛为契机，我们打造了国内首个 Scratch 嵌入式管理平台。在平台上，大家可以一同探讨编程的技巧，并激发新的设想。通过嵌入式平台的“上传—评价—下载—重写—回传—评价”的技术支持，可以让学员们在听取不同国家、地区“编程达人”的修改意见后对上传的创意作品进行关联性二次创作和修改，实现智慧的碰撞，得到更大的进步。

3. 培训提升活动，核心价值发生了变化

2017 年，我们开展以信息科技学科教师为主要对象的全球培训，同时吸引其他学科的教师组队参加。培训的内容包括 Scratch 软件以及一些其他领域的应用。目前 Scratch 教师培训研究的主题主要有两大类：第一类是研究 Scratch 对学生信息素养内涵的增进，包括对学生逻辑推理、问题解决、创造力等能力的影响，以及评估以不同教学方法和策略进行 Scratch 程序教学的学习态度与成效的差异；第二类的研究主题则是侧重 Scratch 与各类学科的融合，包括自然科学、数学、物理、化学等。

4. 实现了跨学科学习

校外教育在通常意义上是在学校正规教育之外由校外教育机构对未成年人进行的社会教育。在我们中心“教你玩”俱乐部开展“教你玩 Scratch”假期体验活动和“教你玩 Scratch”周末课程吸引着整个 k12 年龄段的未成年欢聚一堂，无关乎你的年龄、学业水平的差异，都能将自己的创意与梦想在电脑上用这种简单易学的模块式编程方式得以呈现。将科学、工程、多媒体、艺术、音乐等融合在一起的跨学科创作活动在这里开展。

（二）展望

创客基地的建设为学生的创新学习提供一个更大更广阔的平台，更多的创意和梦想将在这个基地成为现实。Scratch 课程的融入，不仅仅希望有更多的孩子能够拥有这样的学习机会，还希望有更多的孩子能在学习过程中体现更大的自主性与创新精神，更希望孩子的愿望不仅仅只有模拟状态。

1. 为爱好动手、爱好制作的学生提供了一个固定的活动和交流场所

如今一些“80 后”的年轻家长们不愿意自己的孩子再像自己那样，至少要做 2.41 米

高的试卷才能考取一所好的大学。许多"00后"的孩子再也不愿每天被《唐诗》《宋词》《元曲》及中考、高考英语单词,但他们却十分乐意奔向一间属于自己的DIY实验室。

2. 校外教育的目标强调运用、创造和个性发展,注重过程性评价、发展性评价与表现性评价

通过各种创客分享活动,鼓励学生主动参与创新实践,研究跨学科的综合性项目,最终形成一个汇聚创意的场所,一个让想法变成现实的"梦想实验室"。

3. 回归到创客教育的本质

创客教育不是配备华丽的硬件,不是哗众取宠的展示。创客教育到底是什么呢?用最简洁的话说,就是以造物的形式综合应用学科知识。它仅仅是作为学科教育的一种补充,让孩子们学会综合应用学科知识。以往我们开展的科技教育更偏向精英化,而创客教育鼓励学生做一些好玩、有趣,甚至无用的东西,强调去精英化,可以作为我们以往科技教育的拓展与衍生,真正做到"公益性、覆盖性、趣味性、开放性",符合我们中心的办学理念。

4. 引导每一个学生发挥自己的创意

前期,通过Scratch创意设计活动的顺利进行,实现了主题活动的价值,让每个参与进来的学生都能够发挥自己的创意。因此,为了吸引更多的学生参与其中,我们将推出新一轮"科创中心"与核心课程的建设,主要体现在以下几个方面。

优质资源共享⟶促进教育公平、机会、均衡发展

学习模式转变⟶任何时间、任何地点、主动学习

个性化培养⟶碎片化结构、需求导向、个性设计

促进教学改革⟶教师观念、教学设计、方法和手段

引进树莓派核心技术,通过分层创新学习模式的课程开发,探索创客教育新模式,将各学科知识融入活动中,在与课程的融合过程中将课程与信息元素更好地融合,促进学生对各学科知识的活学活用,同时也在潜移默化中学会各类学科知识,培养好奇心,提高观察力,使孩子的创意能更贴近生活、更贴近民生、更具社会效应。

Scratch创意教育发展至今,已成为鼓励学生提高学习能力和科学素养的重要载体,整个科学过程中的探索、实践和体验让每一位学生受益无穷。优异的成绩代表了我们在科技教育上追求卓越品质、孵化青少年科技创新人才的信心与决心,更将鼓励我们在科技创新人才培养道路上坚持不懈,孜孜以求。

基于“微博”平台，小记者活动项目开发与实践研究

孔　洁
上海市静安区青少年活动中心

一、研究背景

紧跟时代发展、结合社会热点、发展学生个性，以更为灵活的教学方式、更为前沿的教学活动，与校内教育形成互补，这是校外教育的最大特色。随着智能手机的普及，微博、微信等新媒体互动软件，由于传播快、即时性、互动性等特点，很快成为人们传播信息的新工具，每个人可以没有任何门槛，都可以成为没有记者证的“记者”。

小记者活动也尝试着利用“微媒体”，收集、分析、报道、传播校园信息。2010年起，上海市静安区青少年活动中心的小记者们陆续在新浪微博注册了账号，开启了小记者的“微媒体”时代。“@静安小记者”微博账号作为静安小记者集合站，集结了全区众多中小学校发布的校园新闻信息。小记者在小而强大的“微媒体”面前，亦可大有作为。

二、基于微博平台的小记者活动项目开发

（一）开发目标

(1) 小记者以微博这一个性化空间为平台，以图片、文字、视频的形式进行采访报道。在小而强大的电子媒体面前，小记者在收集、报道、分析、传播信息过程中发挥主动作用。小记者将不断发展壮大“微群”，巩固小记者新闻发布、作品发表、交流互动的体系。

(2) 小记者通过亲身经历、耳闻目睹、采访当事人，获得第一手的新闻材料，发布准确、生动的微博信息，了解由“微博”所衍生出来的“微群”“微相册”“微刊”等一系列“微媒体”网络操作平台，通过小记者之间的交互与合作，尝试打造属于小记者自己的移动通讯社。

(3) 在微博教学中渗透新闻采访、写作、摄影常识，组织开展丰富多彩的活动，锻炼学生社会实践能力，培养灵敏、积极、自信的小记者。以小记者视角发掘静安、上海本土文化为内容，引导小记者以主人翁的姿态共同关注和参与传递正能量。在信息化时代，学生既当记者又当编辑，创造了锻炼自己综合能力机会，同时学生之间的分工合作培养团队合作精神，同时激发对新闻工作兴趣、信心和社会责任感。

（二）学习主题及活动安排

1. 开通小记者微博(2课时)

微博，根据发布容量小、互动性强、遵守

网络道德的三个特点，把一件事说清楚、说鲜活、说准确。

2. 加入小记者微群(2 课时)

微群，是个网络小环境，引导正确的舆论导向、形成有效的监督体系，养成良好的网络道德，在良莠不齐的互联网大环境里，营造有利于身心健康绿色的网络环境。

3. 上传小记者微相册(2 课时)

微相册，作为拓展微博图片存储和展示功能的微媒体，是小记者分享、交流图片新闻的平台。

4. 编制小记者微视频(2 课时)

微视频，又称为播客，作为拓展视频存储和展示功能的微媒体，是小记者分享、交流视频新闻的平台。

5. 构筑小记者博客(2 课时)

博客，是小记者微博发布消息功能的补充，它不受篇幅的限制，集合文字、图像、视频、网站链接等媒介，是通讯类新闻发表的阵地。

6. 创办小记者微刊(2 课时)

微刊，是一本属于自己的个性化刊物，基于小记者个人的通讯社，或者找志同道合的小记者共同经营一本微刊。

(三) 评价要素

以小记者在网络媒体上参与性、合作度、道义感为主要评价标准，同时鼓励小记者的创造精神和个性化体现。

1. 评价表

在设计评价表时，主要从知识与技能、过程与方法、情感态度价值观三个维度，自评、互评、教师评价三个角度，主观评价与客观评价相结合的原则进行设计。

具体的评价内容根据每次活动的内容进行设计，这些评价表作为小结性评价，最后也可归入学生的档案中，综合展现学生在这项活动项目中的成长轨迹，如表 1。

2. 档案袋评价设计

(1) 电子档案袋设计。以学生的自媒体“微博”这一个性化网络平台为载体，每一个微博主页都自动记录了小记者报道的成果和成长的轨迹，形成可移动、可互动的电子档案袋。

(2) 纸质档案袋设计。以小记者出版微博书的形式，将每年小记者在微博上的报道成果集结成册，用纸质的方式记录每一个小记者个性化的成长轨迹。

表 1　小记者“微媒体”报道评价表

姓名	日期	活动小伙伴：
评价内容	互评	教师评价
把事情说清楚	(客观)	(客观)
把事情说鲜活	(客观)	(客观)
把事情说准确	(客观)	(客观)
自评 (活动体会：收获、创意、发现、反思……)		

三、基于"微博"平台的小记者教学实践

（一）研究"微博"的三个特性

第一：容量小——微博的最重要特性即在"微"，也即小。以新浪微博为例，每条最多 140 个字符，所以微博被称为"一句话博客"，短小、精炼是微博的主要特征。

第二：互动性——在信息不断更新的微博平台，精辟、独特的语言能出彩，这有点像电视节目当中的脱口秀，在微小的文字施展空间里，需要有吸引网友视听的文字功力，但更重要的是发布的信息是否有价值。

第三：网络道义——新闻报道的第一要义是"真实"，在微博的世界里，人人都可以充当记者的角色。培养小记者的专业素质、职业操守、道德准则，成了微博教学活动中不可或缺的一部分。

（二）小记者"微博"教学设计

根据微博发布的三个特性，教学围绕以下三个主要问题展开（根据"容量小""互动性强""网络道义"特性，小记者……）：① 怎样把一件事说清楚（包含新闻五要素）；② 怎样把一件事说鲜活（具有新闻价值）；③ 怎样把一件事说准确（"真实"乃是第一要义）。

1. 说清楚

把新闻要素中包含"五个 W"，即 Who（何人）、When（何时）、Where（何地）、What（何事）、How（如何），运用到微博发布中去。发布 140 字之内的微博是否含有"五个 W"，成为小记者之间互相评价是否说清楚了的基本标准。

探究示例 1

（1）图 1 这一条微博发布了 119 消防演习，是否包含了新闻要素的 5 个 W？

图 1　119 消防宣传日学生演习现场微博报道截图

小记者们马上发现地点等要素的缺省，并将信息补充完整。从而认识到"说清楚"的重要性。

（2）学生习作交流。以新闻的 5W 为依据，点评一师附小少代会（见图 2）、西三小学运动会（见图 3）的报道质量。

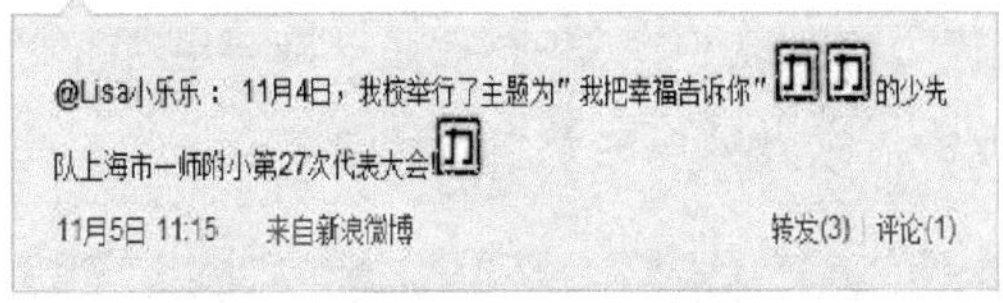

图 2　一师附小少代会微博报道截图

图 3　西三小学运动会微博报道截图

小记者们纷纷肯定图2微博报道的校园新闻把新闻要素说清楚了，而图3的则不完整；老师在点评中却赞扬了图3小记者用照片生动地表述了运动会的场景，让小记者们认识到原来照片也会“说话”。

2. 说鲜活

在微博平台，每分每秒都有信息发布，如何不让自己的微博淹没在海量的信息之中，除了说清楚，是否生动、鲜活、吸引人也很重要，一条具有新闻价值的信息可以引起大家的关注，形成人气话题，引来众多粉丝。

探究示例2

(1) 老师怎样报道小歌手比赛的？(见图4)。小记者们纷纷兴奋地回答是从小记者采访的角度报道的。

(2) 为什么选择这个角度？一个学生回答，因为我们小记者采访小歌手比赛，老师的注意力更多的是在小记者身上。

小记者培训班学员们在区青少年活动中心，刚刚结束对静安小歌手初赛的采访，满载而归啊

图4 小歌手比赛微博报道截图

(3) 教师归纳：选择你所要报道的角度，可以是事情的重点、亮点，也可以是对象的兴趣点。我知道关注微博的大记者、小记者很多，所以选择了这个角度。

(4) 学生习作交流：点评实验小学数学节(见图5)、五四中学家长会(见图6)。

评价标准：

a 事件本身是否具有新闻价值？

b 报道时选择的是什么角度？

c 报道的重点放在哪儿？

d 有价值的内容都报道出来了吗？

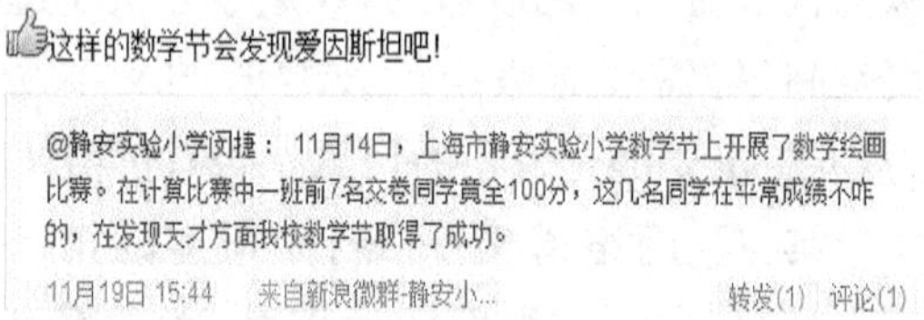

这样的数学节会发现爱因斯坦吧！

@静安实验小学闵捷：11月14日，上海市静安实验小学数学节上开展了数学绘画比赛。在计算比赛中一班前7名交卷同学真全100分，这几名同学在平常成绩不咋的，在发现天才方面我校数学节取得了成功。

11月19日 15:44 来自新浪微群-静安小... 转发(1) | 评论(1)

图5 实验小学数学节微博报道截图

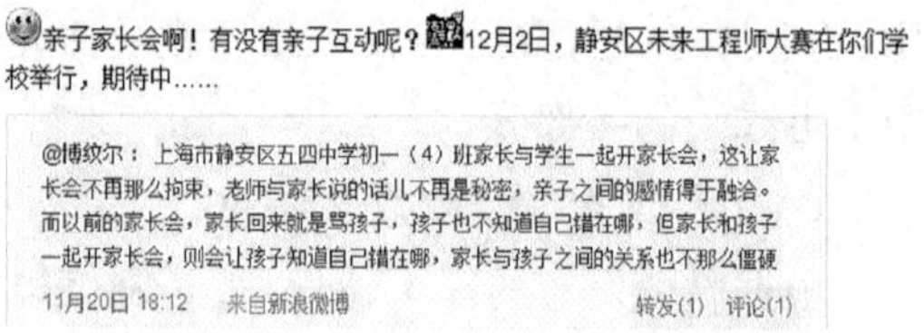

亲子家长会啊！有没有亲子互动呢？12月2日，静安区未来工程师大赛在你们学校举行，期待中……

@博纹尔：上海市静安区五四中学初一（4）班家长与学生一起开家长会，这让家长会不再那么拘束，老师与家长说的话儿不再是秘密，亲子之间的感情得于融洽。而以前的家长会，家长回来就是骂孩子，孩子也不知道自己错在哪，但家长和孩子一起开家长会，则会让孩子知道自己错在哪，家长与孩子之间的关系也不那么僵硬

11月20日 18:12 来自新浪微博 转发(1) | 评论(1)

图6 五四中学家长会微博报道截图

教师归纳：小记者运用相互探讨的方法，从事件的重点、亮点、对象的兴趣点等方面，选择报道的角度、挖掘新闻价值，较为成功地发布了数学节、家长会等微博信息。

3. 说准确

在微博报道的过程中，小记者应该始终坚持两个字：“客观”。简单地说，就是能做到原汁、原味、原样地记录事实真相，完全真实地报道被访内容。

第一、怎样掌握一手新闻材料，增强新闻可信度？

为小记者提供方法——“耳闻目睹”：

亲身经历：指小记者亲临新闻事件发

生的现场，通过观察获得新闻素材的采访。现场采访则主要依靠眼睛观察，获得切身体会。

采访当事人：指小记者选择具体的采访对象进行相互交谈从而获得新闻素材的采访。

调查分析：是同时向多个人了解情况，搜集和核实新闻材料的方法，有利于记者比较准确地分析事实材料，如果与进行个别采访结合起来效果更佳。

为了攻克这个难点，要求小记者在微博发布前一定要三省吾身：是否亲身经历，并且向当事人了解过情况，以及经过自己的分析和判断了？

小记者们前往未来工程师比赛现场亲身实践，通过分工与合作，运用微博图文并茂地即时播报赛况，在微群中发布了二十多条第一手信息，体验发布“原创”微博的快乐。这一场“微博现场直播”，引起了媒体的广泛关注。

第二、怎样运用二手新闻材料，恪守网络道德。

转发、评论也要求小记者遵循客观原则，尽可能地杜绝不实、虚假信息的传播，一经老师、同学发现即给予提醒和警告。我们建立了微博群，在交流信息的同时，也起着信息把关、引导舆论、互相监督的作用。

四、开展小记者相关活动

静安小记者立足静安区青少年活动中心，辐射静安区中小学校，在收集、报道、分析、传播校园信息和本土文化过程中发挥主动性，开展一系列文化寻访活动：静安源历史文化寻访活动、体验式采访“秋韵静安”N+1奔跑吧静安宝贝活动、采访以色列艺术创意训练营、《小闵记者微博在线》新书发布会等主题活动。

图7　静安小记者微博群

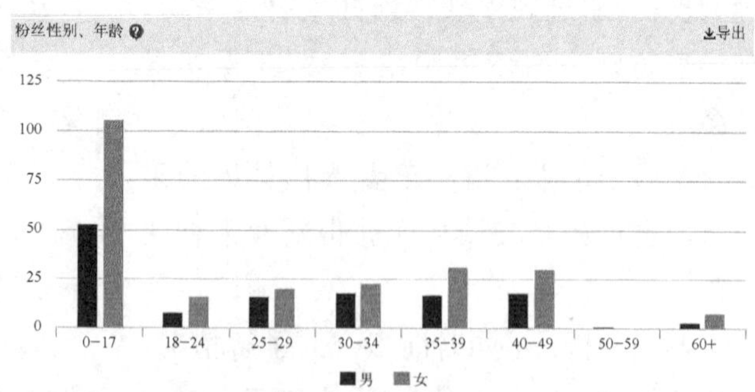

排序	地区	粉丝数	占粉丝总数%
1	上海市	399	60.2%
2	北京市	32	4.8%
3	广东省	26	3.9%
4	海外	16	2.4%
5	江苏省	12	1.8%

图 8 "静安小记者"微博粉丝群

在微博教学中渗透新闻采访、写作、摄影常识,组织开展丰富多彩的活动,锻炼学生社会实践能力,培养灵敏、积极、自信的小记者。以小记者视角发掘静安、上海本土文化,引导小记者以主人翁的姿态共同关注和参与传递社正能量。在信息化时代,学生既当记者又当编辑,创造了锻炼自己综合能力的机会,同时学生之间的分工合作培养锻造团队精神。

静安小记者自 2010 年开通微博账号至今,共吸引粉丝 675 名,发布微博报道 881 条。在粉丝群体中,以 17 岁以下青少年为主,女粉丝居多。在地域分布上,以上海本地粉丝为主,北京、广东、江苏和海外等经济较发达地区居多。

其中,"静安小记者"在 2016 学年度共发布小记者报道 85 条,发出评论 110 条,阅读总数达 45 061 次,总访问人数达 822 人,总访问时长达 932 分钟,影响力和覆盖力峰值分别出现在寒暑假期间,表明"静安小记者"微博账号作为静安小记者的新闻集合站,集结了全区众多中小学校发布的校园信息,成了具有一定网络知名度、影响力的校园微博,特别在寒暑假期间的小记者网络活动较为活跃,体现了较强的社会属性。

小记者谭岱祺,2016 学年获得了一枚中心颁发的学员银质奖章,他记录了小记者微博活动课程的学习经历:

作为一名小记者,要比"吃瓜群众"更及时、更深入了解时事,要告诉他们没了解到的信息。在入门级活动课程的学习中,我不仅系统学习了新闻采访、写作、摄影,还让我有机会参加了许多重大的活动。如"上海国际儿童时装周""第 34 届

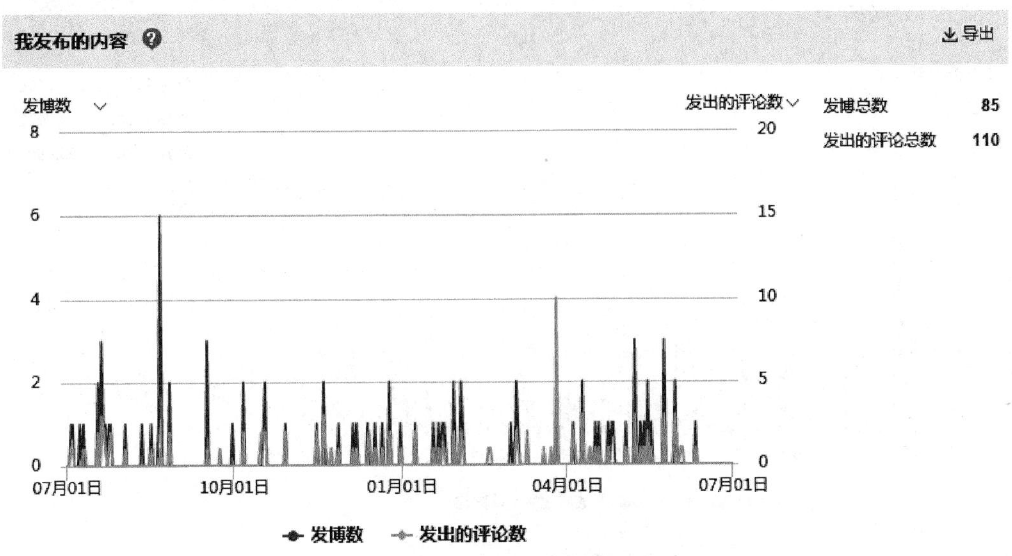

图 9　"静安小记者"内容数据

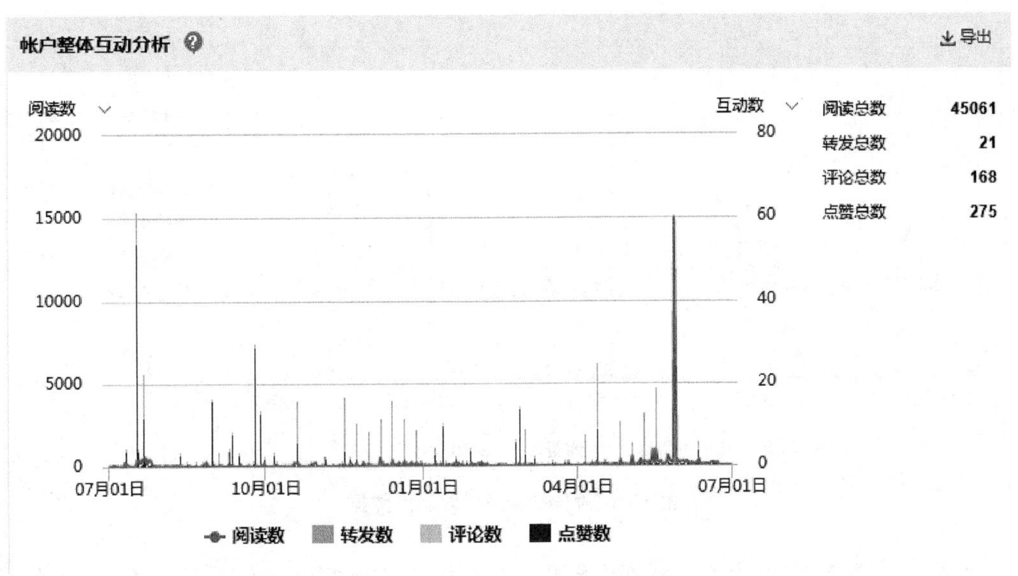

图 10　"静安小记者"整体互动数据

上海之春国际音乐节""电影《大耳朵图图》首映仪式"等许多有趣的活动。令我印象最深刻的一次采访活动莫过于 2016 年 10 月举行的第 7 届上海模型节，那是我第一次跟随老师外出参加采访报道活动。带着兴奋又紧张的心情我采访了一位小选手，记录了他从小以来的飞行梦，我的作品获得了上海市青少年模型摄影报道创作实践活动二等奖，让我备受鼓舞。

通过老师的指导和自己的努力，我取得了很大进步。2017 年 6 月底，我成为

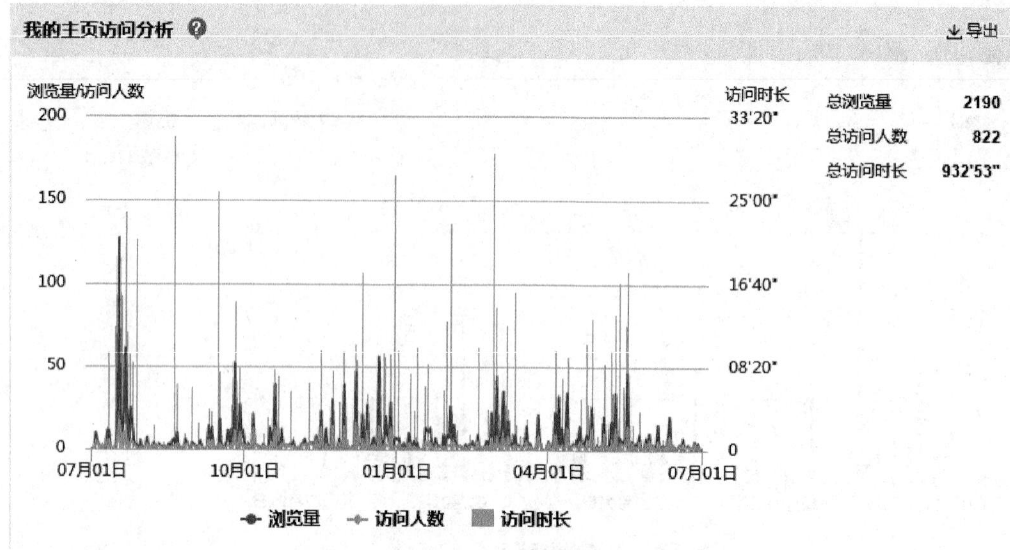

图 11 “静安小记者”主页访问数据

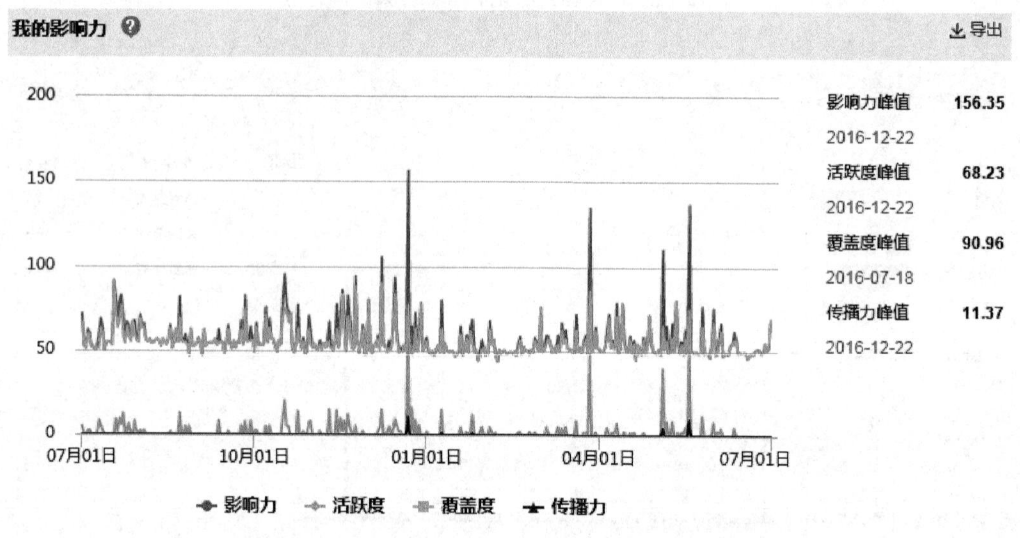

图 12 “静安小记者”影响力数据

上海市第一批东方少年记者团成员，有幸参加了小记者团成立仪式。暑假里，我乘坐复兴号列车的体验式报道入选上《铁网友作品秀》，被上铁资讯官方微博转发，获得了超过 3 万字的阅读量。我参加《大耳朵图图》电影首映式的体验报道也被上海美术电影制片厂官方微博转发，阅读量超过 1 万，成了备受关注的小记者达人。小记者的培训和活动，使我得到了锻炼，学到了很多本领，我一定会再接再厉，争取更大的进步！

小记者微博活动课程，激发了学生的学习兴趣和参与社会活动的热情，在社会实践活动中初尝了成功的兴奋和喜悦。家长对谭岱祺这段学习经历的感慨是：

小记者课程真是太适合我们家有着包打听性格的闲事科“科长”啦！这一年，小家伙很幸运地享受了“寓教于乐”的时光，在老师的鼓励和帮助下乐此不疲地摄影、采访、修图、写作，不仅写作水平有所提高，性格也改变了许多。从上课都不敢发言的腼腆娃变成了凡事都敢出面的小大人，进步明显！看到自己的文字变成铅字，目睹微博报道阅读量刷刷地破了3万，收到加入第一批东方少年记者团的邀请，收获第一张市级奖状，看着老师把银质勋章挂到自己胸前……自豪与幸福溢于言表。飞翔吧，少年！愿你未来更加进步，愿你找到更多寓学于乐的载体。

五、研究成效

（一）活动项目开发成果

开发完成一套《走进小记者“微媒体”时代》校本活动课程，分教师手册《教学指导》和小记者《活动指南》，供小记者教学活动和指导学校相关教师配套使用。

（二）活动项目实施成果

（1）小记者个人召开《小闵记者微博在线》新书发布会。

（2）小记者集体发布报道《小记者亲身体验创意艺术训练营》，见东方网教育频道

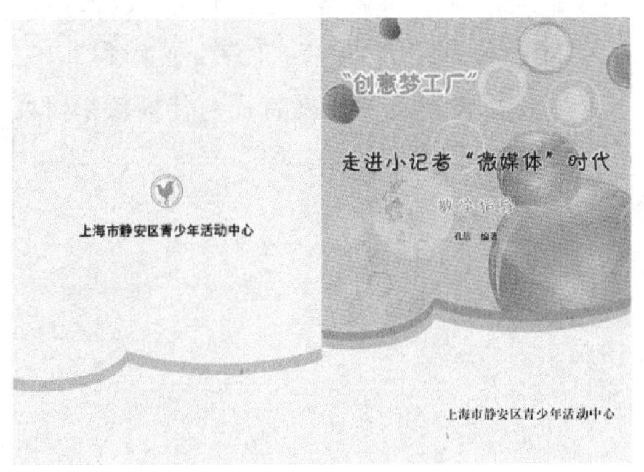

图13　活动项目成果1

http：//edu. eastday. com/edu/20160726/u1ai9560902.html。

（3）在市、区范围发表《小记者“微博”教学的实践研究》。

图14　活动项目成果2

六、反思与展望

“静安小记者”新浪微博账号作为静安小记者集合站，集结了全区众多中小学校学生发布的校园新闻信息，日益办成具有一定网络知名度、影响力的校园微博。微博发布信息具有开放性特点，对象面向全体公众，较为适合成为小记者进行网络互动、个性发展、宣传校园新闻的平台。

1. 结合社会热点，打造个性化的校外活动课程

微博，作为一种方兴未艾的网络自媒体，在小记者教育教学上有着广阔的发挥空间。校外教育没有统一固定的教材，小记者微博教学上处在初步的探索阶段，它为学生的信息交互和个性表达提供了无限可能。这对校外教师也提出了更大的挑战——必须紧跟时代发展，结合学生的个性特点，以更为灵活的教学方式、更为前沿的教学活动，打造校外教育的活动课程，与校内教育形成互补。

2. 营造绿色的网络环境，打造个性化的自媒体平台

由于学生普遍因为平时学业比较忙无暇上网，或是因为家长限制孩子上网，所以加强与家长之间的沟通，让小记者健康的网上活动获得家长的支持非常重要。小记者通过亲身经历、耳闻目睹、采访当事人，获得第一手的新闻材料，发布准确的微博信息，文字、图片、视频信息交互，构建可移动、个性化的通讯社，与大记者、大媒体共同编织网络媒体王国。在正确的舆论导向、有效的监督体系之下，小记者形成了良好的网络道德，以及以“真实”为第一要义的媒体人专业素质。

3. 锻炼个体在团队中的分工与合作，打造个性化的校园新闻作品

微博，可以属于小记者自己的个性化网络平台，也可以称之为一个人的通讯社，找志同道合的小伙伴共同经营，在文字记者、摄影记者和采访记者之间切换，在信息化时代增强了信息传播的效率，以主人翁的姿态引导青少年共同关注校园文化信息。既当记者又当编辑，不但创造了锻炼自己综合能力的机会，还通过分工和合作，充分发挥小记者团队的智慧，培养小记者之间的团队精神。以校园新闻报道任务为驱动，引导小记者从小读者、小观众的角度，选择报道的形式和内容，由对新闻工作的感性认识上升至一定的理性思考，培养审美情趣、创新意识，从而创作各具特色、个性的新闻作品，体验新闻职业的乐趣和成就感。

参考文献：

[1] 汤代禄，韩建俊，边振兴.互联网的变革——Web2.0理念与设计[M].北京：电子工业出版社，2007.

[2] 郑钢.Twitter的尴尬[J].互联网天地，2009(2)58-59.

[3] 刘军.Twitter：这个距离刚刚好[J].新世纪周刊，2007(12)146.

[4] 冀鹏飞，等.基于Twitter的移动学习策略研究[J].现代教育技术，2008(9)：106-115.

[5] 沈鹏.重新点燃的Web2.0激情类——Twitter类网络应用的传播形态研究[J].东南传播，2009(1)：134-136.

[6] 武锋.网络“微内容”传播研究：以微博客Twitter为例[D].上海：上海交通大学，2010.

[7] 刘丽芳.微博客的传播特征与传播效果研究[D].杭州：浙江大学，2010.

第二部分 辐射推进：生涯教育区域化实施的研究与探索

高中生涯教育区域推进的实践研究

李　攀
闵行区教育学院

一、研究概况

(一) 研究背景

高中教育培养目标,重点是加强学生的基础学习能力,提高学生的素质,促进学生的个性化发展及增强其社会适应能力。为了使基础教育能与高等教育顺利衔接、能与社会就业平稳过渡,以及面对上海高考综合改革新方案,在高中进行生涯教育迫在眉睫。

1. 适应社会变迁

个体生涯发展是主体与外界环境互动的结果。随着信息时代的不断发展,人们的生活内容逐渐丰富,职业的种类也随之加速更新,许多新兴职业应运而生。人们需要以主动积极的态度适应日益变化的社会发展。生涯发展教育是提高学生自我生涯规划的意识与技能、顺利实现从学校生活向社会、职业生活过渡的基本途径。

2. 直面教育要求

国家和上海市《中长期教育改革和发展规划纲要(2010—2020)》文件的核心理念是为了每一个学生的终身发展,而生涯教育又是终身发展的核心,因此鼓励普通高中开展生涯教育。《中小学心理健康教育指导纲要(2012 年修订)》要求学校帮助学生确立自己的职业志向,进行生涯教育。2016 年 9 月《中国学生发展核心素养》正式发布。中国学生发展核心素养,以“全面发展的人”为核心,分为文化基础、自主发展、社会参与三个方面,综合表现为人文底蕴、科学精神、学会学习、健康生活、责任担当、实践创新六大素养。其中健康生活主要是学生在认识自我、发展身心、规划人生等方面的综合表现,包涵了“依据自身个性和潜质选择适合的发展方向,合理分配和使用时间与精力,具有达成目标的持续行动力”的生涯教育内容。

3. 应对高考改革

在高考改革的新形势下,“学生自主选择”成为引人关注的关键词。促使高中学生提前进行专业选择、职业规划。自我选择、自我规划是高中教育的主旋律,也是生涯发展教育重要内容。上海市政府要求“所有高中必须配备固定的专业辅导老师;所有高中老师,都要作为学生的职业发展导师,承担一定指导学生的责任,去了解和引导学生发现自身的特长、兴趣和爱好。”

《2015 年上海市教育委员会工作要点》明确指出:“改革高中教学组织形式,推行分层走班教学,开展学生生涯与学涯指导。”《2016 年上海市教育委员会工作要点》特别指出:“实施个性化学程与学分制管理、生涯辅导试点建设项目。”《2017 年上海市基础教育工作要点》指出:“研制加强中小学生涯辅导的指导意见,加强中小学生生涯辅导课程开发。”

（二）理论依据

1. Super 理论

美国著名生涯规划大师舒伯(Donald E.Super)认为,“生涯就是对自我的实现”。高中生处于生涯探索和初步定向阶段,处于生涯发展的一个重要时期,通过对资源、偶然事件、兴趣和价值观的认识而形成一般职业目标,并对所偏好的职业做出计划的阶段。

2. 信息加工理论

塔基为第一级水平,由自我知识和职业知识组成,属于知识领域。塔中为第二级水平,决策技能领域,即 CASVE 循环。塔顶为第三级水平,执行加工领域,即元认知。其观点:将生涯选择和决策视为学习信息加工能力的过程,强调在决策制定中如何定位、存储和有效使用信息的重要性,聚焦于培养个人解决问题的能力和做出生涯决策的能力。

由此可见,随着经济全球化和知识经济不断发展,新的科学革命带来新兴产业不断出现,人们必须面对一生从事多个职业或跨越多个行业的现实,随时应对职业变更引起的挑战和冲击。在这样的时代背景下,我国已经提出了“学校基础教育职业化,职业技术教育基础化”的要求。及早把生涯教育纳入高中阶段,培养高中学生的职业规划的能力,是顺应教育改革和社会发展的迫切需要。生涯教育是对学校教育功能的拓展,可以弥补学校教育课程体系的空缺,是丰富素质教育内容,推进素质教育发展的有效途径。

（三）概念界定

1. 生涯教育

生涯教育是以生涯规划为主线的有目的、有计划、有组织地促进学生生涯规划与发展的综合性教育活动。协助学生认识自己与外部世界,并探索自己可能的发展方向。即个体内外探索(自我与外部的联系)和时空探索(过去、现在、未来的联系)。而学生能否有效地进行生涯规划并执行规划,受到很多不可控的因素影响,生涯教育目的在于帮助学生学会选择、学会规划、学会调整等。

2. 职业理想

职业理想是指人们对未来职业角色以及事业成就的向往和追求,是建立在个人的专业知识与能力、兴趣和职业激情基础上的一类个体意识。在生涯发展过程中,职业理想是一个逐步清晰、逐步明确的过程。

高中生的职业目标不一定是具体明确的,有可能是某个职业,也有可能是某一类职业,还有可能是目前现实生活中没有的职业[在此不探讨这个(类)职业是否具有现实意义,而是侧重于这个(类)职业作为其理想的价值,对高中生生涯发展的意义。]职业理想,经过无数次的信息加工过程后,使高中生逐渐形成了自身独特的元认知。而生涯教育的意义就是在不断地澄清职业理想过程中促进学生元认知的形成。

有研究表明,高中生的职业理想发展还不是很完善,很多高中生无法建立明确的职业理想。[1]二次元文化、舆论导向、家庭环境等因素影响着高中生职业理想的形成。如魔兽猎手、圣骑士的游戏角色在一定程度上影响着学生对职业的认识与思考,现实生活中有学生将此作为自己的职业理想。学生职业理想的价值观趋于多元化了，其实不再只是局限于又红又专的职业，高大上的职业，而是更加追求学生个性表达的职业理想，裁缝、厨师、西点师、发型师、殡仪馆美容师……其实这反映出高中生越来越关注自我的发展。

职业理想的形成不仅影响个人职业生涯的规划，而且直接关系着教育系统如何有效地开展工作。[2]职业理想有助增强学习动力，职业理想的价值不仅在于职业所带来的物质满足，还能够满足高中生个性表达的内在需求。因此以职业理想促进高中生内驱力的提升是有必要的，有价值的。

（四）研究过程

1. 2013 年，项目前瞻

采用调查法、文献研究法进行生涯教育的启动前测量与项目研讨会论证。发现学生遇到生涯发展困惑，第一反应是求助于父母。由此引起闵行区教育局对生涯教育师资队伍建设工作的重视，开展分主题分批次生涯教育专项培训，以提升我区教师生涯教育和指导能力。

2. 2014 年，前期实践

采用实验法，定性分析法组织区第一批高中生涯咨询师培训（培训主题：生涯咨询），侧重改变区域内高中各校缺乏能够一对一个别化辅导的生涯咨询师的现状。同时有针对性地开展高中生涯教育培训与推进工作，并发布了《闵行区高中生涯教育实施若干建议》。

3. 2015 年，沉淀反思

成立了闵行区生涯教育研究中心组，针对前期生涯教育实践工作开展情况进行经验总结，归纳分析，并借助上海市生涯教育联盟对本区生涯教育工作成效进行检验。

4. 2016 年，中期实践

采用个案分析法，针对生涯咨询培训、区域生涯教育推进情况、各高中生涯教育实践情况，厘清闵行区生涯教育特色与不足，借助优质培训机构，开展第二批高中生涯发展师培训（培训主题：生涯辅导），侧重改变区域高中各校班主任队伍缺乏生涯辅导技能与意识等现状。

5. 2017 年后期实践

采用系统方法，深入分析区生涯教育现状，深化区生涯教育发展。闵行区启动了中小学一体化生涯教育项目，同时开展第三批生涯发展师培训（培训主题：学科融合），主要侧重于解决区域中小学一体化推进工作中生涯教育与课堂教学结合不足的问题，围绕生涯教育学科融合主题来进行培训，并发布了《闵行区中小学一体化生涯教育若干建议》。

二、研究成果：区域推进策略

2015 年，被誉为上海教育综合改革元年。“增加学生的选择权”成为基础教育的主旋律。而如何去帮助学生提高自我认识和学会选择，是各校正在不断探索的主题，这也是高中生涯教育的首要任务。闵行区立足于以培养学生选择能力为核心，大胆尝试，积极主动地开展生涯教育，制定“齐力管理，鼎力支持，竭力实施”12 字推进策略，从机制、经费、实施三个方面保障生涯教育工作有序、有力、有效地开展。

（一）齐力管理，力保规范

1. 定标准：推进区域生涯教育工作的要求准则

为落实国家和上海《中长期教育改革和发展规划纲要（2010—2020）》要求，适应当前基础教育改革需要，提升闵行区高中生涯教育的科学性和规范性，制定标准。主要从指导思想、教育目标、教育内容等方面做了详细阐述。

（1）指导思想。全面贯彻落实党的教育方针，坚持立德树人、育人为本，以“为了每一个学生的终生发展”为核心理念，提高学生自我规划意识和能力，促进学生主动、健康、快乐成长。

（2）教育目标。高中生在生涯发展阶段处于探索期，这个阶段的发展任务是在多种机会中探索自我，进行自我观念修正；通过对生涯角色的试探，逐步确定职业偏好，并在选定领域中开始起步。主要实现以下目标：①了解生涯发展相关知识；②树立生涯发展自主意识；③发展生涯的抉择能力；④选择适合自己发展的方向和路径。

（3）教育内容。高中生涯教育内容以学生的年龄特征和发展规律为依据，主要围绕自我发展、学业规划和职业探索三大板块展开。

一是自我发展，指导学生正确认识自己，欣赏并发展自己的兴趣、个性、能力、特长；教给学生保持积极心态的技巧，提高情绪控制和承受挫折能力；引导学生认识人生不同阶段所具有的不同角色，了解职业选择与生活方式之间的相互关系及影响；培养学生人际沟通能力，学会与人合作共事。主要包括：自我意识、自我成长、人生角色、人际关系等项内容。

二是学业规划，引导学生了解高中学业、大学专业及工作就业之间的关系，增强学习动力；引导学生对学业与能力水平做出评估，合理分析自身特点，对升学或就业做出合理抉择，制订相应学习计划；帮助学生了解升学或就业所应具备的条件，明确相关的手续、步骤及细节。主要包括：学习动力、学业与能力评估、学习计划、升学（就业）准备等项内容。

三是生涯探索，指导学生掌握大学专业、职业与就业等相关信息的收集方法；鼓励学生利用社会资源，探索适合自身的职业方向；引导学生思考不同社会角色所承担的责任，认识到人生价值和意义；引导学生从工作时间、环境待遇、未来发展和价值实现等方面去评估职业发展机会，结合自身实际情况，尝试进行生涯规划。主要包含：职业信息、职业体验、价值观念和生涯规划等项内容。

2. 设机构：推进区域生涯教育工作的主体队伍

（1）区域推进生涯教育的主体队伍。2015年初，成立了闵行区生涯教育研究中心组，由闵行区教育学院德研部全面负责中心组工作，借鉴区外经验，形成本区特色的生涯教育。中心组这支队伍不仅能深入研究区域生涯教育的问题与经验，还能探索有效解决方法。

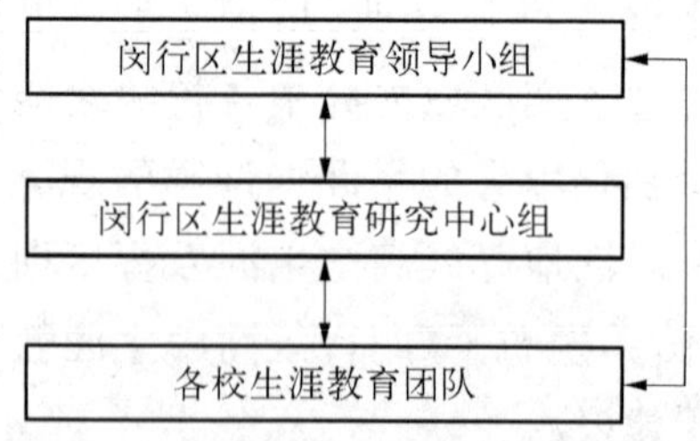

图1 闵行区生涯教育中心组

2015年4月，首届闵行区生涯教育项目研究中心组成立。这支队伍在区域内积极发挥作用，成为本区生涯教育的种子教师，带动其他教师一起成为学生人生发展之路的导师，同时提升生涯教育的规范性、科学性和有效性。中心组是生涯教育研究团队，中心组的成员都是学校生涯规划教育的骨干，在师德素养、心理品质和专业能力方面都是很突出的。中心组承担着四大功能：

一是科学研究功能。生涯教育研究功能，能承担一定生涯教育科研项目和任务，如区域生涯教育难点、热点问题的实践研究，开发区域生涯教育课程等。

二是教师培训功能。中心组是生涯教育队伍培训的骨干力量，在加强自身专业水平的基础上，配合德研部开展区、校级培训。

三是决策咨询功能。能协助德研部对全区学校生涯教育现况进行跟踪、监控、分析研究，为区域生涯教育工作决策提供服务。

四是资源建设功能。能发挥信息网络的优势，积极协助区德研部进行区生涯教育资源建设，加强区域合作和共享。通过中心，提升生涯教育队伍专业素养，增强区域校际交流，起到促进学校生涯教育科学化、规范化，提高有效性和时效性的作用。

表1　我区生涯教育研究中心组成员情况表

人员结构	人数	说　明
校级领导	2	
德育队伍	8	德育主任 6 人、班主任 2 人(其中特级教师 1 名)
心理教师	8	
总　计	18	

随着闵行区生涯教育不断推进，现中心组采用项目攻关小组形式，突出重点，有针对性地解决区域生涯教育重点难点问题。目前先后已有 3 个攻关小组，分别是生涯教育微课建设小组、区本教材编写小组、生涯教育校外资源探索小组。

(2) 学校推进生涯教育的主体队伍。生涯教育在一个学校能够扎扎实实地有效开展下去，必须要有决策者(校级领导)、管理者(中层干部：教导主任、德育主任等)、实施者(教师层面：生涯辅导老师、班主任、心理老师、学科教师等)这三个方面人员相互配合，才能有效。

学校决策者——校长。主要是引导学校决策者从学校整体规划出发，对学校的生涯教育进行顶层设计。

学校执行者——中层干部。在首届闵行区生涯发展教育研究中心组中三分之一的人员为学校中层干部，即学校分管副校长或者领导干部。这支队伍在区域内积极发挥作用，成为本区生涯发展教育的种子教师，带动其他教师一起成为学生人生发展之路的导师，同时提升教育的规范性、科学性和有效性。

学校实施者——教师层面。这是学校推进生涯教育工作关键所在。要有针对性分别开展对心理教师、班主任、学科教师分层分主题培训，定期组织相关教学研讨，提高教师生涯教育和指导能力，确保生涯教育有效实施。

(二) 鼎力支持，力促提升

1. 师资配备到位

(1) 区域生涯教育队伍设置。闵行区教育学院德研部设置生涯教育教研员 1 名，负责区域生涯教育业务工作，负责生涯教育研究中心组业务工作，开展针对心理教师、班主任、学科教师的分层培训，定期组织相关教学研讨，提高教师生涯教育和指导能力。

(2) 各校生涯教育师资配备。为了提高生涯教育队伍的水平和工作实效，除了积极参加区域生涯项目培训之外，各校还引入优质生涯培训项目进行校本化专题培训，建立一支能够满足学校学生自身发展需求的生涯教育队伍。例如：七宝中学建立"尊重选择，适性育才"学生成长导师队伍；闵行中学围绕校本生涯课程体系建立生涯发展导师团队。

2. 专项经费支持

区域每年都有专项经费，保障定期开展区域研讨和交流，深化生涯教育的培训、研究等工作。自2014年，生涯教育专项经费的投入每年逐步提高，这是本区生涯教育得以不断发展的关键所在。如，2014年8月闵行区首批35名国际生涯发展咨询师培训；2016年8月闵行区第二批153人次高中生涯发展师培训，2017年8月闵行区第三批263人次中小学一体化生涯教育培训。

(三) 竭力实施，力求实效

1. 育队伍：加强师资队伍建设

台湾地区生涯教育有良好的理论研究基础，各方面发展已相对比较完善：理念的多元化、模式的校本化、教师的专业化、研究方法的科学化、内容的丰富化、途径的多样化等特色。其做法和经验对于本区实施生涯教育具有很好的借鉴意义。2014年初，上海区域具有国际生涯发展咨询师培训资质的公司为数不多。最终选择全球生涯发展教育学会(NCDA)大中华地区代理商的原因，在于该机构可以提供定制化的培训方案。

没有采用全盘引进培训项目方式，而是前期邀请专家与一线教师对培训方案进行论证后，制定符合区域推进生涯教育主导思想的集中面授式区域生涯教育培训方案。具体如表2所示。

(1) 提升教师生涯咨询能力。2014年8月闵行区首批35名国际生涯发展咨询师培训，主要侧重解决区域内高中各校缺乏能够一对一个别化辅导的生涯咨询师的现状。围绕生涯咨询主题来进行培训(培训内容见表3)。全区各高中至少配备了1名具有生涯咨询师资质的心理教师或德育干部。

(2) 提高教师生涯辅导能力。2016年8月闵行区第二批153人次高中生涯发展师培训(见表3)，主要侧重于解决区域高中各校班主任队伍缺乏生涯辅导技能与意识等现状。围绕生涯辅导主题进行培训。

(3) 提高生涯教学能力。2017年8月闵行区第三批263人次生涯教育培训(见表4)，主要侧重于解决区域生涯教育推进工作中生涯教育与课堂教学结合不足的情况，围绕生涯教育学科融合主题来进行培训。

表2 闵行区生涯教育暑期专项培训项目一览表

	时　间	主　题	培训对象	人数	培训主要内容
1	2014.8.16—8.25	生涯咨询	心理老师 德育主任	35	侧重于一对一的个别化生涯咨询能力的培养
2	2016.8.22—8.27	生涯辅导	班主任	153	侧重于以班级为单位的生涯辅导能力培养
3	2017.8.22—8.26	生涯教学	学科老师	263	侧重将生涯教育融入课堂教学的技能的培养

表 3　闵行区生涯教育暑期专项培训课程内容(2014.8)

	时　间	内　　容	课时	备　注
1	8月16日	助人关系；生涯发展师的伦理守则	8	本表内容仅是集中面授课程，未包括一对一督导课程
2	8月17日	助人技巧(多元文化)	8	
3	8月18日	生涯发展理论与应用	8	
4	8月19日	生涯评量	8	
5	8月20日	生涯信息在生涯规划中的角色；计算机辅助系统与生涯规划	8	
6	8月21日	求职与受雇技能，职场伦理	8	上交作业：6次咨询以上的个案报告(5 000字以上)
7	8月22日	生涯团体辅导	8	
8	8月23日	生涯服务活动设计	8	
9	8月24日	小组演练与生涯报告书	8	
10	8月25日	小团督与受督报告书	8	

表 4　闵行区生涯教育暑期专项培训课程内容(2016.8)

	时　间	内　　容	课时	备　注
1	8月22日	生涯发展基本概念及理论建构 心理测验解释与应用	8	上交作业：学习报告
2	8月23日	解读高考改革：学生面临的难题，兴趣、能力、价值观。升学进路探索	8	
3	8月24日	学生辅导与方法	8	
4	8月25日	生涯规划课程设计与实施	8	
5	8月26日	生涯角色；自我认识—价值观与目标；生命历程与生命故事等	8	
6	8月27日	团体辅导实施督导	8	

表 5　闵行区生涯教育暑期专项培训课程内容(2017.8)

	时　间	内　　容	课时	备　注
1	8月22日	生涯发展基本概念及理论建构 解读高考改革：学生面临的难题	8	上交作业：生涯教育融入学科课堂教学设计
2	8月23日	学生生涯辅导及其方法 生涯课程设计与实施	8	
3	8月24日	生涯课程参考资料分享 生涯发展档案	8	
4	8月25日	生涯教育融入学科课堂教学案例展示 活动：将生涯教育融入学科课堂教学设计	8	
5	8月26日	小组展示课堂设计 教学设计督导	8	

此外，闵行区七宝中学、闵行中学、莘庄中学等高中利用自己学校校本培训时间，引进优质生涯教育培训资源，对本校全体班主任进行生涯辅导培训，以提升班主任生涯指导与辅导能力。

至此，区生涯教育培训做到三个全覆盖和一个基本覆盖，即高中心理教师100%、高中德育主任100%参加了区域培训，全区班主任100%参加区域生涯培训或校本生涯培训。

2. 供资源：建设生涯教育资源

(1) 丰富的生涯教育课程资源。建构微课就是满足学生对课堂教学资源的“高端”需求。这种需求能激发学生自主学习意识，化被动为主动，按需学习。其实现在很多课堂的课堂资源过于陈旧(其实有些资源是新鲜的，但是由于学生在二次元文化之中，接受的新鲜信息，可能比我们教师更加快、更加准确一些)，不能充分满足现在学生的需求。基于此，我们在一起尝试性开发第一部微课(见表6)：利用电视剧《芈月传》跟学生聊聊异性交往，深受学生喜欢。深入分析，发现学生喜欢与当前现状相结合的资源，而这种资源的陈述不需要太多的套路，学生通过视听感觉通道，体会(觉察)到过去、现在、未来三者在时空上会有某种联结(直接或间接)，在感悟中领会。这种潜移默化的形式，学生需求量颇大，由此我们加大力度深入开发。

微课运用之碎片拼装：每一部微课，按照知识点分成若干碎片。这些碎片可单独使用，亦可与其他微课重组，最大限度地挖掘微课的教育意义。例如：

① 电影《疯狂动物城》：Judy警官与NICK之间关系；

② 新闻《四位老阿姨》：朴槿惠倒在猪一样对手上；

③ 娱乐《极限挑战》：王迅在同伴背叛之下，依然选择救队友；

④ 电视《芈月传》：芈八子与人为善。

表6　闵行区生涯教育微课作品情况表(第一季)

	类　型	名　称	主　题	知　识　点	备　注
1	电视剧	芈月传	人际交往	促进人格发展；全面认识自我；取长补短；交往态度	
2	电影	疯狂动物城	心理效应	重视首因效应；消除刻板效应；利用多看效应	
3	电影	釜山行	生涯规划	规划的意义；相应的计划；适时地调整	
4	网络新闻	四位阿姨	工作中“作”	作天的默克尔；作地的罗塞夫；作死的朴槿惠；自作的希拉里	
5	娱乐节目	极限挑战	职业代码	研究型的老狐狸；艺术型的小绵羊；社会型的青岛贵妇；实际型的孙颜王；常规型的大松鼠	
6	手游	阴阳师	职业玩家	满足内心需要；同伴效应；游戏强化功效	

我们又可以把这四部微课的碎片拼装出一个清晰的主题：人际交往。重新构建，是更加有意义的链接，也是微课运用的高手。

微课运用之主题剖析：运用某部微课全部或部分内容，更深入地挖掘与剖析。比如在开发微课RPG（角色扮演游戏）手游《阴阳师》的过程中，发现手游是学生的“最爱”，有些学生舍得花钱和时间去玩《阴阳师》。二次元现象出现，有的学生将自己的职业理想定位手游、网游中某个人物或角色。其实就是探寻学生在游戏中想获得什么，他们玩游戏会对自己的未来产生怎样的联结呢？

成就型玩家关注如何在游戏中取胜或者达成某个目标。对游戏动作要求高，在游戏中常常比别的玩家更快升级或者达到某些成就。探险型：对游戏世界充满兴趣，并尝试了解游戏的运作规律。探险型玩家会在游戏世界中寻找一切能找到的东西，打通关卡，集齐图鉴是他们的终极梦想。社交型：最喜欢和玩家打交道，把游戏作为社交互动的一种渠道。杀手型：喜欢攻击其他玩家，希望对别的玩家施加影响。杀手型玩家则享受在游戏中破坏的乐趣，或者追求超越他人的社会地位。

其实游戏能够映射出一些价值、观念，可以利用游戏这一功能，帮助学生澄清价值观，提升学生的“游戏”能力，或者游戏甄别能力。

（2）个性的学生生涯发展档案。基于高中生生涯测试、学习能力及现状等综合能力测评，建立学生生涯发展档案：基于测评数据之反应学生能力、兴趣、价值观的个人生涯学习档案，高考“6选3”考试科目组合建议、大学学系推荐等。完成有效测试的学生会有一份个性化生涯发展档案报告，报告内容涵盖个人能力、兴趣、价值观、“6选3”考试科目组合建议、大学学系推荐等。

（3）多彩的校外生涯教育资源。树立资源意识，寻找适切的教育载体；挖掘资源深度，不断丰富实践研究的内涵。本区中小学一体化生涯教育研究子项目，以虹桥小学、实验西校、闵行二中为实践学校的《利用行业博物馆开展生涯教育的实践研究》，着重依托“地铁”资源，开展实践研究，探索“地铁”资源的体验实践活动、课堂教学、研究型课题学习等。

3. 促发展：建构发展新空间

生涯教育是实施素质教育的重要组成部分，也是在社会分工愈加精细的趋势下培养综合性人才的前瞻性考虑，让每一位学生充分地认识自我、发展自我、成就自我，迎接未来的挑战。

（1）一体化的区域实践。为适应当前基础教育改革需要，提升闵行区生涯发展教育的科学性和规范性，加强本区中小学生生涯发展规律和特点的研究，提高学生生涯发展水平，开展有针对性的学生生涯教育，闵行区中小学一体化生涯教育项目已有42所实践学校在不同层面进行实践。

逐步形成小学、初中、高中12年递进式的小学中学一体化生涯教育，帮助本区中小学生了解和掌握今后所需要的知识和技能，引导学生进行有效的生涯规划，以主动积极的态度适应日益变化的社会发展，提升学生生涯规划能力。

小学阶段：围绕感知职业侧重开展“启蒙”主题的生涯教育，开展活动增强小学生对职业角色认知，即感知外部环境。

初中阶段：围绕体验职业侧重开展“探索”主题的生涯教育，营造氛围促进初中生个体与外部环境之间联系的认识与探索。

高中阶段：围绕自主发展侧重开展“选择”主题的生涯教育，创设环境提升高中生生规划能力。

表7　闵行区中小学一体化生涯教育项目汇总表

项目类型	小学	初中	高中	小计
队伍建设			2	2
个案研究	1	1	1	3
机制研究	1	4	2	7
资源建设	3	3		6
实践活动课程	2	3	2	7
主题教育建设	3	1		4
校本化	1	6	6	13
总　计	11	18	13	42

(2) 个性化的学校特色。本区各校植根学校传统文化，努力推进生涯教育，卓有成效地打造学校特色名片。如：闵行中学的构建“生涯与发展”课程体系，将生涯课排入高一、高二年级课表等。七宝中学生涯教育体验式课程逐步走向综合化、系统化、规范化。尊重选择，适性育才“学生成长导师制”的实践。闵行二中数智化评价科学指导学生生涯发展，通过学生的数据跟踪，使教育视角从群体走入微观个体，使生涯发展教育有了相对客观的依据。实验西校围绕“成长自我，学会选择”开展心理健康教育、学法指导、试探课程、社会角色体验等内容探索初中生涯教育。虹桥小学借助于地铁博物馆观摩进行浅量的职业启蒙，地铁站实践体验进行有意的课程设计，并链接课堂教学。

(3) 有成效的学生案例

案例1：有规划的人生更精彩

闵行二中高三毕业生钱缘，2017年新高考以581分被上海交通大学核工程与核技术专业录取。一所普通高中的学生，何以被名校“相中”？校长乔长虹说，这得益于学生的综合素质。原先，钱缘是个瘦弱内向的男孩，高一时还沉迷电脑游戏，学校运用四维评价体系大数据发现他有数学特长，也存在发展不足，高中三年的生涯规划明晰了他的个人发展路径。像钱缘这样从普通高中“逆袭”名校的案例，在闵行还有很多。

案例2：有意，无意——小梦逐梦记

小梦在区域生涯测试平台、学校生涯实践平台之下，逐步看清了自我，清楚自己的兴趣所在，明确了自我努力方向和发展途径，同时在生涯教师指导之下，有针对性地调整与奋斗，根据主持、编导等需要的能力要求：普通话等级要求、一定的学历知识、心理素质和思维能力，制定了短期、中期、长期能力培养目标并付诸实践。最终小梦考入上海师范大学人文与传播学院戏剧影视文学专业。

案例3：追梦，圆梦——祖白达同学成长记

新疆吐鲁番维吾尔族女孩祖白达，她的生涯发展之路越来越好了，距她心中的梦想——民族服饰设计师越来越近了。她追梦的背后是学校生涯辅导团队的默默地守望。

闵行区生涯教育着力于“真问题，真体验，真发展”，通过“全员教育、面对学生”的方式促进生涯教育整体发展，进一步推进学生的终身发展和学校整体提升。在变化纷繁的信息时代，学会选择和规划是学生健康成长必备的基本能力和素养，并强调学生在体验中进行生涯抉择，为此闵行区正在建设的 4+1 模式的学习体验中心，将为生涯教育的发展提供更宽广的视野和平台。

三、问题与思考

1. 生涯教育评价体系尚需完善

区域生涯教育评价体系还需要进一步加强实践研究与分析，目前只有个别学校在此做了尝试性探索工作。如闵行二中开展“数智化评价”，科学指导学生生涯发展，取得了一定的进展。学校认识到生涯指导的紧迫性、传统评价方式的不科学性，开展大数据、智能平台，特别学生“四维雷达图”的应用等新手段，从“评价项目与指标体系设置原则”“评价措施与方法”等方面建设闵行二中数智化评价平台。但是如何科学有效地进行项目设置、指标量化分析以及各种分析因素如何相结合等问题有待于进一步解决。

2. 生涯教育资源还需要进一步统整

区域生涯教育资源建设方面在点上有所突破。例如生涯微课资源建设，丰富课程资源；学生的个性化发展档案也有一定成效，但是这些资料整合度还不够。再如，家校合力生涯教育还不够。如何发挥和利用家庭教育资源，将家庭教育资源融进学校生涯教育体系之中，是有效推进生涯教育工作不可忽视的问题。

参考文献：

[1] 姜茜.城市高中生职业理想调查研究[D].东北师范大学硕士学位论文，2012.

[2] 吴玉蕾.普通高中学生职业理想影响因素及教育对策研究[D].青岛大学硕士学位论文，2010.

区域内校外教育机构生涯教育实施的现状与对策研究

姜媛媛
上海市静安区青少年活动中心

一、研究背景

（一）问题的提出

生涯教育是由美国联邦教育署署长马兰博士（Marland）在1971年提出的。他认为生涯教育是为使学生能在未来的职业方面实现自己的愿望，在初等、中等、高等，以及成人教育所有阶段中按照每个发展阶段的特点所进行的有组织的、综合性的教育。所有的教育都应是生涯教育。生涯教育是一种意识的唤醒，可以让学生在自我认识的过程中，寻找一条适合自己发展的路。因此，生涯教育是满足学生个性发展和成长需要的必然选择。

生涯教育在国外已有着近百年的历史积淀，美国、英国、澳大利亚、日本、新加坡等国从儿童时期即开始实施生涯教育，有着丰富的实践经验和扎实的制度保障。特别是美国，作为生涯教育的起源国，更是形成了K－12生涯教育管理体系，涵盖了基础教育、生涯教育、职业技术教育等多个领域，涉及幼儿园、小学、初中、高中、社区大学、职业技术中心和企业等多重机构，渗透在青少年儿童的生活、学习、游戏等各方面。生涯教育在我国起步较晚，高中、职校、高校已逐渐开始成为生涯教育研究的主力军，但是在校外教育领域，生涯教育尚处于缺失的状态。

（二）研究的意义

1. 生涯教育是顺应教育改革与社会发展的必然

《国家中长期教育改革和发展规划纲要（2010—2020）》中提出，要“建立学生发展指导制度，加强对学生的理念、心理、学业等方面的指导。”即在学校的教学、管理两项基本职能之外，特别加入“发展”教育职能。而所谓的“学生发展”，即囊括了生活、生涯与生命主题的发展认知与相关能力、素质提升。《上海市中长期教育改革和发展规划纲要（2010—2020）》中也指出：“推动普通教育与职业教育渗透，各级各类学校要重视学生职业意识和职业技能教育”“让学生成为适应工作变化的知识型、发展型技能人才”。

上海市教育委员会制定了《上海市学生职业（生涯）发展教育“十二五”行动计划》，成立了上海学生职业生涯发展教育研究所，通过课程开发和设计，教师培训等方面，组建生涯教育专职教师团队，完善生涯教育顶层设计，推动学生生涯教育的发展。生涯教育在我国虽然起步较晚，尚处于探索阶段，但随着教育改革的不断深化，生涯教育已越来越受到广泛的关注。

2. 生涯教育的开展是为了尊重学生的个体差异，满足学生个性化的发展需求

中国青少年研究中心于2013年3月发布的《中美日韩高中生毕业去向和职业生涯教育研究报告》的调查显示，六成美日韩高中生接受过学校的毕业指导，但我国的高中学生进行毕业指导比例仅三成多，且专职指导教师配备比例最低。教育部教育发展研究中心的《专业了解度与满意度》调查中也发现，85%在校大学生对自己所选的专业不感兴趣或是后悔，60%以上的大学毕业生选择了与自己专业不对口的职业。

调查可见，“学非所愿”的问题已成为一种普遍存在的现象，其产生的原因主要是，一方面学校和家庭缺少对学生职业生涯的引导，学生对专业的不了解；另一方面学生埋头苦读，忙于应付各类考试，对于自己的个性特质、兴趣爱好缺乏必要的认知。因此，生涯教育的开展就是从“以学生为中心”的角度，尊重学生的个体差异，有计划、有目的地对学生进行职业兴趣、职业仪式、职业体验、职业规划等方面的启蒙教育，满足学生个性化的发展需求。

3. 生涯教育有利于校外教育机构整合社会资源

当前，生涯教育以高等学校和中等职业学校为主，从组织管理、资源配置、队伍建设、社会参与等各方面已初步建立覆盖各级各类学校的学生生涯发展教育体系。上海30余所初、高中学校成立了上海市中小学生涯发展教育联盟，通过选修课、走班制、选课制等多种方式，引导初、高中学生在知识或专业的学习与操练中发现自己的天赋优势，并不断强化与运用。生涯教育已在初、高中、职校及高等院校中广泛开展，但在校外教育中却仍处于缺失的状态，尚未发挥校外教育的独特优势。

在社会资源方面，市教委于2014年公布了73家高校学生职业（生涯）发展教育校外实践基地，于2015年公布了1 000余家市、区两级高中学生社会实践基地，4万多个实践岗位，于2017年公布了21个上海市高校职业（生涯）发展教育工作室。这些实践基地涉及各行各业，可结合高中学生综合素质评价，为学生提供人生最初的职业体验。但是，由于受到教学任务、地理、时间等因素的限制，学校较难系统地组织开展职业体验与实践活动。相对而言，校外教育单位在组织学生开展综合性活动方面有着其独特的优势，可以充分担当起组织者和引导者的角色。有些校外教育单位作为高中生社会实践基地，更具有得天独厚的优势，可依据学生的成长需求，精心设置实践岗位，引导青少年学生到真实的工作情境中去体验，实现自我发展与社会现实相契合。因此，校外教育的融入更有利于发挥社会教育大课堂的育人效能，有利于帮助青少年学生树立自主发展的意识和适应未来的行动。

二、国内外生涯教育的理论研究与实践现状

（一）概念界定

1. 生涯

美国学者舒伯认为，生涯就是人终其一生，不同时期不同角色的组合。生涯具有以下特征：一是终身性。生涯发展是一生中连续不断的过程，是一个需要终身学习、终身发展的。二是独特性。生涯是个人依据其人生规划与人生目标，为自我实现而开展的独特的生命历程，不同的个体具有不同的

生涯历程。三是发展性。生涯是动态变化与发展着的。不同的发展阶段有着不同的生涯规划与生涯发展任务。四是综合性。生涯以个体发展为中心，包含了各个层面的社会角色。

2. 生涯教育

生涯教育是1971年由美国联邦政府提出，并以此作为全美学校之教育主轴且由各邦自行发展。20世纪80年代期间，"生涯发展教育"一词广为流行，它不再是以过去的职业辅导为主，而开始以生涯发展辅导为主流。生涯发展教育是提供一个完整经验的学习，使每一个透过这些经验学到如何准备及投入即将成为他(她)人生一部分的"工作"。

（二）生涯教育的理论发展依据

1. 马斯洛需求层次理论

马斯洛把需求分为五个层次：生理需求，安全需求，爱和归属感，自我尊重，自我实现，由较低层次到较高层次排列。需求层次理论有两个基本出发点，一是人人都有需要，某层需要获得满足后，另一层需要才出现；二是在多种需要未获满足前，首先满足迫切需要；该需要满足后，后面的需要才显示出其激励作用。

2. 帕森斯人职匹配理论

帕森斯认为个人都有自己独特的人格模式，每种人格模式的个人都有其相适应的职业类型。职业选择的三大原则：第一，了解自我；第二，了解工作；第三，匹配。帕森斯认为个人选择职业的关键就在于个人的特质要与特定职业的要求相匹配。只有这样，个人才能更加适应职业，并使个人和用人单位同时受益。

3. 舒伯生涯发展理论

舒伯描绘了一个多重角色生涯发展的"生涯彩虹图"，认为在个人发展历程中，随年龄的增长而扮演不同的角色，在同一年龄阶段可能同时扮演数种角色，因此彼此会有所重叠，但其所占比例分量则有所不同。

4. 霍兰德职业兴趣理论

霍兰德认为人的人格类型、兴趣与职业密切相关，并制定了霍兰德测验量表，帮助人们发现和确定自己的职业兴趣和能力特长，从而更好地做出求职择业的决策。

5. 金斯伯格职业发展三阶段理论

金斯伯格将职业发展分为幻想阶段、尝试阶段、现实阶段。他认为，职业在个人生活中是一个连续的、长期的发展过程。

（三）国内外生涯教育理论研究现状

搜索关键词"生涯教育"，可以搜到953 376篇文献资料。其中以国外在生涯教育方面的研究和实践居多，我国在生涯教育方面的研究和实践相对较少。

关于生涯教育概念的研究，如南海、薛勇民在《什么是"生涯教育"——对"生涯教育"概念的认知》中按照时间的先后顺序对生涯教育的概念进行了列举："

生涯教育源于20世纪后期的美国。1971年，当时的美国联邦教育署署长马兰正式提出'生涯教育'一词。该词是职业指导长期发展的产物。"

马兰认为：所有的教育都是生涯教育。以往的职业指导所关注的焦点是人的知识技能与其所从事职业的匹配问题。后来随着心理学的发展，尤其是心理测量的广泛采用，职业指导才开始注意求职者的心理特征，不过注意力主要还是放在就业安置的范畴框架之内。

1971年5月美国教育总署对生涯教育所下的定义：生涯教育是一种综合性的教

育计划，其重点放在人的全部生涯，即从幼儿园到成年，按照生涯认知、生涯探索、生涯定向、生涯准备、生涯熟练等步骤，逐一实施，使学生获得谋生技能，并建立个人的生活形态。

美国教育总署原署长助理沃兴登认为：生涯教育是改变所有教育系统，以求造福全民的革命；它强调所有教育的经验、课程、教学及咨询，是为个人将来经济独立、自我实现及敬业乐群生涯的预备；它通过改善职业选择的技巧与获得职业技能的方式，提高教育的功能，使得每位学生能享受成功及美满的生涯。

美国职业教育学会1972年在推广教育工作报告书中指出：生涯教育是针对所有国民，从孩提时代至成年的整个教育过程。它能使学生对学习的目的有清楚的认识，并且对将来所要从事的工作具有热忱，这是整个教育事业的重心与目标。因此，需要运用教育家的智慧及家庭、社会的资源，以使整个生涯教育达到预期的目的。

美国工艺教育学会于1973年发表的文献中认为：生涯教育系整体的教育计划，它包含了学校课程中的每一项训练。换言之，生涯教育是提供整体累进的经验，以帮助每一位学生获得适当的职业决策能力及与工作所需的技能。它是为所有学生而设计，应视为个体之终生教育；能让学生清楚地辨认未来生涯的重心，并塑造个人生活的模式。

赫依特认为：生涯教育应包括个体一生的教育历程。这个历程包含对工作的认知、试探、准备与专精。其基本特性有：① 生涯教育系关切所有的工作而设置的教育；② 自我认知、试探与对工作世界的认知、探索同等重要而且关系密切；③ 生涯教育的主要目标在于增进个体生涯选择的机会，以促进个体适应工作，感觉工作有意义、有价值，并经由工作获得成就感；④ 个人的观念与态度定型于幼年时期，所以生涯教育应始于小学，并且由于个人工作与环境不断转变，因而生涯教育必须终身持续地进行；⑤ 生涯教育计划必须涵盖整个社会及学校教育课程的每一部分。

康自立认为，生涯教育系为所有人设计的一种教育措施，其教育的目标在于使每一个个体能认识自我，并且具有选择一种合适而有意义工作之决策能力的教育，在整个教育历程中进行生涯的认知、试探与准备。此历程从学前教育开始，直至成人继续教育为止。透过此一历程而使每个个体均能在心理、生理及社会等方面平衡而成熟地发展；并且自我认知、自我实现，而自觉为有用之人。

许永熹认为，生涯教育或称生涯辅导、生计辅导等名词，其主要内涵是协助个体认识实际的工作世界并探索自己可能的发展型态，以便做较佳的抉择、规划与准备，而使个体在各阶段都过得适应与满足，并达成自我与社会实现。

李金碧认为，生涯发展教育是一种协助个体认识实际的工作世界并探索自己可能的发展形态，以便做较佳的抉择、规划与准备的综合性的教育计划。它强调所有课程、教学及咨询辅导，都是为个人将来经济独立、自我实现及敬业乐群生涯的准备。

韩瑞莲、韩芳在《生涯教育与职业教育及其相关概念内涵解析》书中对生涯、生涯教育的概念进行了细化和区分。该文指出：在专业领域，由于所处年代或研究角度等的不同，学者们对“生涯”概念的界定会有所差异。例如：生涯是一个人在工作生活中所经历的职业或职位的总称（沙特尔，1952）；生涯指一个人终生经历的所有职位的整个历程（萨柏，1957）；生涯指一个人依据心中的长期目标所形成的一系列工作选择，以及相关的教育或训练活动，是有计划的职业发展历程（麦克弗兰德，1969）；生涯包括个人对工作世界职业的选择与发展，对非职业性或休闲活动的选择与追求，以及在社交活动中参与的满足感（霍德和班那兹，1972）；生涯是指伴随人终生、与工作或职业有关的经验与活动（霍尔，1976）；生涯指一个人终其一生所从事的工作与休闲活动的整体生活形态（麦克丹尼尔斯，1978）；生涯是指个人终生发展的历程（韦伯斯特，1986）。

综上所述，在生涯教育出现之前，人们聚焦的重点是职业教育，关注的是人的知识技能与其所从事的职业之间的匹配问题。但随着心理学的发展，职业与心理特征之间的联系，开始慢慢被人们所重视，生涯教育随即出现在人们的视野中。生涯教育，它是心理健康教育的重要组成部分，但其核心则为职业教育。

（四）国外在生涯教育方面的政策保障

1. 美国

美国1996年发布《幼儿园至成人国家生涯发展指导方针》，明确从幼儿园阶段至成人的生涯发展范围、水平的能力标准。例如该指导方针规定中学阶段的生涯教育必须包括自我知识、教育与职业探索、生涯决策技能三个部分。

2. 英国

英国政府颁布《1997年教育法案》，规定所有公立中等学校都有法定责任为9至11年级的所有学生提供生涯教育，必须确保学生得到生涯指导和最新的生涯发展信息资料。2000年，英国教育与技能部颁布《新课程中的生涯发展教育》，明确规定生涯教育的具体目标。2003年，英国教育与技能部又制定了《全国生涯教育框架》。

3. 加拿大

加拿大安大略省发布《生涯教育与指导》课程指南规定，9年级的职业生涯教育内容为，“在中学获得成功的技能”；10年级为，“职业生涯研究以及发现职场”；11年级为，“设计你的未来和领导与同伴支持”；12年级为，“在中学后获得成功的技能以及驾驭职场”。

4. 日本

日本文部科学省2004年颁布中小学生《学习指导要领》，就如何培养中小学生的职业生涯意识、如何对中小学生开展职业生涯教育作了明确的规定。

国外在职业生涯规划教育方面有着成熟的法律法规，丰富的实践经验和扎实的理论保障。这些成熟的模式，都是我们在今后的研究和实践过程中可以借鉴的。

（五）我国在生涯教育方面的政策保障

(1)《国家中长期教育改革和发展规划(2010—2020)》提出，“需在高中阶段建立学生发展指导制度，加强对学生的理想、心理、学业等多方面的指导。”并成立了“高中生职业发展指导研究”和“高中生涯发展系统”两项国家级课题。

(2)《上海市中长期教育改革和发展规划纲要(2010—2020)》指出，“推动普通教育与职业教育渗透，各级各类学校要重视学生职业意识和职业技能教育”“让学生成为适应工作变化的知识型、发展型技能人才”。

(3)《上海市学生职业(生涯)发展教育“十二五”行动计划》指出,“进一步加强和改进上海学生职业生涯发展教育工作,确立为了每一个学生的职业生涯发展的理念,建立和完善学生职业(生涯)发展教育体系。”

(4)《上海市职业教育改革和发展十三五规划》指出,“推进‘职业体验日’制度化、常态化,探索建立 30 个面向中小学生的职业体验中心,加强职业启蒙教育。”

生涯教育虽然在我国起步较晚,尚处于探索阶段,但随着教育改革的不断深化,生涯教育已越来越受到广泛的关注。

三、校外教师对生涯教育的认知现状

(一) 调查的设计

为了真实地了解生涯教育在当前校外教师中的认知程度,笔者从校外教师的角度设计了《校外教师在校外活动中实施生涯教育的现状调查》专题调查问卷。问卷共涵盖“对生涯教育本身的理解与认识”“对生涯教育在校外实施的认识”“对生涯教育在校外实施的具体做法”“校外教育机构对生涯教育的支持情况及困难”等五个方面 33 题。在区域内的校外一线教师中发放了调查问卷,实际回收有效问卷 53 份,回收率为 61%。

(二) 数据分析

1. 对生涯教育本身的理解与认识

79.25%的受访教师认为自己对生涯教育比较了解。50.94%的教师能回答出生涯教育涉及人的一生,而非仅仅是学习阶段和工作阶段,但是对于深入的职业教育、生涯教育以及心理健康教育之间的关系,83.02%的教师其实还处于初步认知的阶段。对于生涯教育进一步专业化的概念解析还有待加强。

2. 对生涯教育在校外实施的认识

问卷调查显示,100%的受访教师认为有必要在校外活动中融入生涯教育。85.71%的教师认为学生在校外培养的兴趣爱好与未来的专业、职业选择紧密相关。66.67%的教师认为应该在校外开展生涯教育,并且认为校外对中小学生的生涯教育会非常有效果。

3. 对生涯教育在校外实施的具体做法

问卷调查显示,77.36%的受访教师认为需要开设生涯教育专业课程,帮助学生更好地认识自己,知道自己的优势、劣势,自己适合做什么工作。98.11%的教师对所授课程在大学的专业门类和方向以及未来的从业方向和从业要求在不同程度上有所了解,希望为学生创造一些观摩、实习、实践的机会来了解职业。

4. 校外教育机构对生涯教育的支持情况及困难

问卷调查显示,62.26%的受访教师认为所在单位对生涯教育略有关注,但是相关的教育活动并不多。79.24%的教师认为所在单位目前尚未形成专业从事生涯教育的专职教师。73.58%的教师对于生涯教育的实践感到有点迷茫,虽然知道其重要性,但是在具体操作上感到有点困难。教师们认为开展生涯教育的困难性主要集中在缺乏专家指导,缺乏专业培训,缺乏系统教材及缺少项目经费这四方面。

四、校外教育机构开展生涯教育的对策

职业生涯的启蒙在于帮助学生认识自我、唤醒潜能、适应社会,在于引导他们对职业有清晰的认识和定位,并学会探索自我与

职业之间的协调。生涯教育对于校外教育机构及其教师而言是一个全新的命题。

1. 准确定位

（1）明确中小学生涯教育的分年段目标。生涯教育是一个系统化、阶段化的教育过程，可分为自我探索、自我成长及自我实现三个阶段。不同年龄阶段的学生，由于认知能力的不同，生涯教育的侧重也不同。

小学阶段，职业意识的唤醒阶段，以启蒙为目的，引导学生清晰地省视自我，发现兴趣，并将自己的兴趣与学习有效结合，形成初步的生涯意识。

初中阶段，职业素养的探索阶段，通过学习，与外部世界建立链接，对未来职业所需的专业知识和基本技有一定程度的了解，并能将自己的个人兴趣转化为职业兴趣。

高中阶段，职场生活的体验阶段，帮助学生试探性的职业选择，有针对性地进行职业训练或职场体验，明确今后的职业方向和规划。

（2）校外教育是学生进行生涯启蒙与体验的重要载体。小学、初中和高中，不同的年龄阶段和学习水平，设置的生涯发展任务也有所不同，而校外教育由于教学对象涵盖了小学、初中和高中等各年龄阶段，笔者考虑到其独特性，在校外将生涯教育定位为启蒙与体验，即通过校外活动，唤醒青少年儿童的生涯意识，让他们在体验与实践的过程中，自我认识，自我了解，进而寻找一条适合自己发展的路。

2. 师资培训

调查问卷显示，生涯教育在部分校外教师眼中还较为陌生，要改变这种状态，首先要从意识层面上加以宣传。针对之前教师对于生涯教育的实践感到有点迷茫，不知如何具体操作的问题，笔者按照全体教师、一线教师、项目组教师等开展分层分类培训，在全体教师层面，邀请专家开设《预见更好的自己》等系列生涯教育专题讲座，加大对教师队伍生涯教育实践的指导和培训，帮助教师更细致地了解生涯教育的内涵和意义；在一线教师和项目组教师层面，以课题为引领，按照项目组的形式申报子课题，鼓励一线教师参考《未来在你手中——学生职业启蒙与职业规划教育读本》，在所教授的项目中尝试围绕生涯教育的重点，多层次、多角度地设计问题，引导学生多维度的深入思考，探究生涯教育在校外的实施措施，为教师开展生涯教育提供理论依据和行之有效的实施方法。

3. 可行措施

校外教育由于具有灵活性、多样性和贯穿性等特点，在学生的生涯教育中可以更多地体现出其优势。

（1）在已有的校外活动项目中融入生涯教育理念。在已有的活动项目中充分挖掘生涯教育的结合点，根据不同年龄阶段的学生，分类分层地设置内容，帮助学生一同制定项目的学习计划。

在低年级学生中，安排 1 至 2 课时，为学生讲述生涯发展的定位与生涯规划的理念和方法，使学生能清晰地省视自我，初步了解社会职业的分类和特点，职业的形态及职业的特色等。

中、高年级学生中，为学生介绍所教授的项目在大学的专业门类，未来的从业方向和从业要求，同时也会向学生传授一些具体的职业技能，为他们创造一些观摩、实习和实践的机会，帮助学生更好地认识自己，知道自己优势、劣势，自己适合做什么工作，引导他们树立自己的职业规划和人生追求。

(2) 开展职业启蒙教育活动。校外教育以策划和组织活动见长，在小学和初中年级学生中，可以从兴趣出发，整合区域内的社会资源，通过实地考察、学习、参访、实践等形式，开发适合不同年龄阶段的学生生涯教育主题活动，帮助学生寻找到自己的兴趣所在，将兴趣与专业相结合，培养学生的职业意识。例如，组织区红领巾理事会的理事参观位于静安区市北高新园区内的上海风语筑展览有限公司，了解作为一家国内城市规划设计展览首屈一指的建筑设计公司的发展历程、文化底蕴、创新理念、技术优势等；组织区域内百余名小记者探访区内科普教育基地：鲁庵印尼制作技艺传习所，学习到鲁庵印尼的传承体系、原材料样本、制作工序与成品等；去上海大学机器人科普教育基地，学习到机器人的发展历史、类别以及在机器人研发过程中所涉及的机械与电子方面的知识。最后通过学习撰写通讯稿，制作微信推送等了解作为一名小记者所需具备的专业素养；组织300余名基层学校的少先队干部参与“王家沙本帮条头糕制作”和“凯司令蛋糕制作”，在体验学习的过程中，了解糕点制作需要用到哪些原材料，需要怎样的技法以及一位优秀的糕点师需要具备怎样的素养等，引导学生在直观的体验中，找到自己的兴趣爱好和个性特长，增强自我认识、自我规划的意识，适应社会的发展。

(3) 开展职业体验活动。实践性是生涯教育不可或缺的一方面，实践性学习可以丰富生涯教育的内涵，拓宽学生的视野，加深他们对“职业”这一概念的直观性认识。在高中年级学生中，采用“请进来”和“走出去”的方式，让学生代入到职场生活中，体验自己在职场中的存在感。

“请进来”，依托上海市高中学生社会实践基地，在充分考虑校外教育特色的基础上，积极开发高中学生乐于主动参与的志愿服务岗位，暑期每天提供8个岗位，平时周末每天提供4个岗位，让高一、高二的学生有机会选择自己感兴趣的工作，进行人生最初的职业体验，进而培育学生的职业化、个性化发展。

“走出去”，充分运用社会资源，组织学生走进企业、社区等场所，通过职场体验、义工活动等方式多渠道、多途径地开展生涯教育，让学生在实践中了解现代的社会文化与企业文化，了解职场的技能需求，职业的发展趋势及从事该职业所需学习的专业等，帮助学生了解自身的能力倾向，明确今后的职业方向和规划。

五、进一步研究的思考

中小学生涯教育是一个很有意义的命题，在学习和探究过程中，也带给了我们很多的思考。实践中，笔者尝试着依托校外教育的优势和资源，先在已有的校外教育机构培训中融入生涯教育的理念，并在小学和中学年级开展职业启蒙教育活动，高中年级开展职业体验活动，分层次，阶梯式地，让生涯教育融入到校外的培训、活动、日常等各个方面。当然，这还只是一个起步，先让校外的教师和学生有生涯教育的意识和理念，后续的研究还有很长的路要走，仍需要我们校外教师们一起努力，如校外之间如何合作，如何资源共享；如何扩大学生的辐射面，如何形成固定的、系统的生涯教育主题活动；如何在校外生涯教育中发挥家庭教育的作用等等，这些都将是笔者今后关注的研究内容。

参考文献：

[1] 韩瑞连.生涯教育与职业教育及其相关概念内涵解析[J].中国职业技术教育，2009.

[2] 刘元.美国 K－12 生涯教育实践模式研究[D].2008.

[3] 魏燕明.美国生涯教育发展历程、特点与借鉴[J].成人教育，2001.

[4] 南海.什么是“生涯教育”——对“生涯教育”概念的认知[J].中国职业技术教育，2007.

[5] 韩晓玥.日本普通高中学生职业生涯教育研究[D].2009.

[6] 刘华，郭兆明.生涯教育：基础教育课程改革不可或缺的支点[J].教育发展研究，2013.

基于核心素养培育的“小记者职业体验项目”的研究与实践

程　巍
上海市杨浦区少年宫

一、研究概况

（一）问题的提出

“小记者”是一门综合性、实践性比较强的课程。科学合理地梳理、挖掘、发挥它的核心价值，是培养学生的交流沟通能力、信息采集能力、人际交往能力、团结协作能力等综合素养的良好载体。然而在实践中，该项目的设计仍然有很明显的职业和专业性特征。

在CNKI数据库中，以“小记者”为关键词搜索到相关文献10篇，以“小记者”“职业体验”为关键词搜索到相关文献0篇。以“职业体验”为关键词搜索到相关文献248篇，以“中小学职业体验”为关键词搜索到相关文献2篇。“小记者”项目的实施主体在10篇文献中无一例外都是新闻传媒单位，项目的设计与实施“专业性”“职业性”更强。

虽然这一类的“小记者”项目在活动形式、内容等方面有值得借鉴的地方，但其仍然强调以采访、新闻写作、摄影等专业知识和技能为核心来设计课程体系。这样的设计实施忽略了中小学生的生理、心理尚处于不断发展的阶段，并未形成比较清晰的职业认知和稳定的职业倾向，绝大多数学生参与培训是源于兴趣和爱好，而不是为了走上专业发展的道路。因此，在课程设计上，不宜沿用专业课程或学科课程的体系和思路。

作为一名校外小记者社团的指导教师，要充分发挥少年宫区域中小学生素质教育的校外主阵地的功能。利用自身的场地设施、活动资源等方面的优势与特色，对“小记者”项目进行创新开发实践，努力打破过分注重基本知识、技能培养的价值取向，转向对学生素养与能力的培养，为以“小记者”项目为载体促进学生素养的提升提供有益借鉴。

综上，笔者开展了“小记者体验项目”的开发与实践。

（二）核心概念与理论依据

对校外“小记者”课程进行开发实践，要立足该课程的特性和育人价值，以先进的理念和方法为指导，找准目标定位，设计科学合理的内容架构和实践途径，最终促进学生核心素养的发展与提升。

1. 学生发展核心素养的提出

2017年9月《中国学生发展核心素养（征求意见稿）》发布，从文化基础、自主发展、社会参与三个方面，提出了人文底蕴、科学精神、学会学习、健康生活、责任担当、实践创新六大核心素养，每一项核心素养又细分为几个要点，明确学生应具备的必备品格和关键能力，从纵观层面深入回答“立什么德、树什么人”的根本问题，对素质教育内涵进行了具体的阐述，使新时期素质教育目标更加清晰，内涵更加丰富，也更加具有指导性和可操作性，提出了建立以“学生核心素养”为统领的课程体系和评价标准。为此，校外“小记者职业体验项目”的开发与实践是以“学生发展核心素养”的培育作为价值引领开展的。

2. 职业体验与职业生涯教育的普及

提起“小记者”课程，大家就会想起“记者”这个职业，因为这门课程本身与职业有着天然的密切联系。近几年来，职业生涯教育作为一个“热词”频频被提及，学生对职业的陌生感、对职业生涯的困惑感、对专业和职业选择的盲目感成为困扰我国教育的一个较为普遍的问题。为了更好地促使学生有目的地在学业—专业—职业之间建立联系，让学生规划自己的职业发展道路，开展职业生涯教育成为主要的探索路径。在这样的背景下，“小记者职业体验项目”旨在吸收职业生涯教育的相关理念和做法，充分依托开放、多元的各类社会资源，通过开展一些准社会活动性质的小记者职业体验活动，让学生对各种职业有初步的认识和感受，同时也可以以此为载体，培养学生在现代社会中学会生存、学会发展的能力，一般包含四方面的核心素质，如团队精神、时间管理能力、沟通能力、领袖能力。

3. 项目学习的影响

“项目学习”是由美国教育家克伯屈在1918 年《项目(设计)教学法：在教育过程中有目的的活动的应用》一文中首次提出的。它强调学生的学习应该是以“解决问题或制造产品”为特征，提升学生个体解决实际问题的能力，生产或创造出具有社会价值的有效产品的能力。它不同于传统的接受式学习，主要体现在：① 提高学生解决问题的能力；② 提高学生信息素养；③ 提供学生学习经验，提升学生学会学习的能力。萨利·伯曼撰写的《多元智能与项目学习》根据项目学习的内涵和加德纳的多元智能理论，提出了帮助学生实施项目学习的指导策略。这为校外“小记者职业体验项目”探索采用项目学习的思想和做法设计教育教学活动提供了有益借鉴和操作指导。针对当今学生比较缺失创新思维、问题解决能力、实践能力等实际情况，希望在校外教育实践中通过项目学习进行重点突破。

综合以上三项，基本确立了以学生发展核心素养为引领，凸显校外的育人特点和优势，整合职业生涯教育、项目学习等的相关理念、做法，通过贴近现实的情景设置或任务设计，丰富学生的 “小记者”的角色体验，并能引导他们以“小记者”的方式方法来尝试解决问题的校外“小记者职业体验项目”的开发与实施思路。

(三) 研究目标及研究内容

1. 研究目标

本课题以核心素养培育与发展、项目学习、生涯教育的理论为指导，探索校外“小记者体验项目” 的目标、内容、实施与评价。

2. 研究内容

(1) 基于核心素养培育的校外“小记者体验项目”开发的基本依据及思路。

(2) 记者职业素养核心要素的研究。

(3) 基于核心素养培育的校外“小记者体验项目”的培养目标。

(4) 基于核心素养培育的校外“小记者

体验项目”的内容框架。

(5) 基于核心素养培育的校外“小记者体验项目”的实施途径及方式。

(6) 基于核心素养培育的校外“小记者体验项目” 的评价研究。

(四) 研究过程与方法

2015 年 9 月：完成基础理论研究。主要采用文献法进行相关资料的搜集、分析及整理。

2015 年 10 月至 2016 年 1 月：完成项目的设计。主要通过总结项目实践过程中的自身已有经验及通过文献查找、同行交流等学习和借鉴别人的经验，在此基础上，完成课题理论及操作要点及框架的设计。

2016 年 2 月至 2017 年 2 月：完成实践研究。在一年的时间内，结合少年宫“小记者”社团教学实践开展行动研究，在行动中实践—反思—调整—实践，从而不断完善项目的开发。

2016 年 3 月至 6 月：总结阶段。收集整理课题研究的资料和资源，撰写课题研究报告。

二、基于核心素养培育的校外“小记者职业体验项目”的开发过程

校外“小记者职业体验项目”的开发是一个逐步推进、环环渗透的过程，主要包含研究确立“小记者”项目对应的学生发展核心素养——围绕核心素养确立项目开发的基本框架(板块)——根据已有资源设计实施各个板块的项目学习等几个过程。

(一) 明确项目特性，确立育人价值

每个学科都有自身的独特育人价值，“小记者职业体验项目”也一样。项目重点发展以学生的哪些方面作为核心素养，这需要进行梳理。

(1) 要从“小记者”的项目特性与资源内容出发，研究确立“小记者”项目与学生发展核心素养相对应的核心价值。如记者最重要基本的任务就是“采写新闻”，涉及通过采访、调查等方法采集新闻信息，并对信息进行筛选、加工等一系列的工作，是培养学生信息素养的良好载体。

(2) “小记者职业体验项目”综合性、实践性强，与职业直接相关，要强调发展学生与职业相关的核心素养，如人际交往、交流沟通、社会适应能力。

(3) 要充分考虑校外教育的特性。校外教育要能迅速、灵活地洞察教育发展的趋势和先进的育人理念，并反映在教育目标之中。如针对当今学生比较缺失创新思维、问题解决能力、社会适应能力的实际，校外教育目标要将这些有机融入，在校外教育实践中重点突破。综合以上几点考虑，确立了该项目四个方面的主要育人价值，详见图 1。

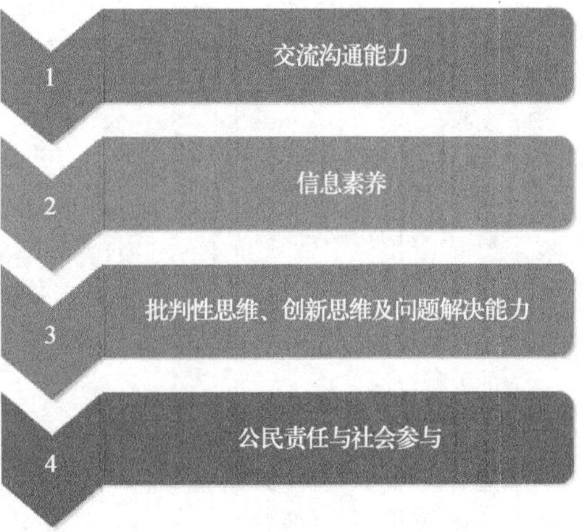

图 1　“小记者职业体验项目”核心育人价值

(二) 细化分解目标，选择资源内容

结合“小记者”项目的特征和内容体系，进一步对核心育人价值进行分解，形成项目

具体的教育教学目标,思考相应的学生行为或思维表征,从而确立对应的资源。由于来校外教育机构学习的学生个体情况不尽相同,校外教育提供的教育教学要让处于不同层次的孩子都能选择适合自己的,并尽可能获得发展,所以校外教育目标应是体现一定的层次性和衔接性。而这个层次不是像学校教育那样仅仅依据学生的年龄、年级来加以划分,还要综合考虑学生的兴趣爱好、学习需求、已有基础、个性特点等因素。"小记者职业体验项目"教育教学目标详见表1。

对目标进行细化分解之后,就要思考所需提供的学习资源。比如,组织开展各类社会实践活动,通过引导学生以"小记者"的身份积极参与各类社会活动、关注身边的人、事、物及时政,从而培养他们的人文情怀、社会责任等。再如培养学生的信息素养,一方面与记者采集新闻信息的相关知识、能力有机结合,并融入社会调查、信息检索的内容进行适当拓展,从而提高学生获取信息的能力;另一方面提供信息选择相关的资源,培养学生对信息进行选择、筛选的能力,更好地应对信息社会的要求。

(三)参照项目学习,设计具体活动

总体上确立了资源内容以后,需要思考以何种形式来组织或使用这些资源。活动是校外教育最主要的教育教学方式和载体,在活动中让学生获得学习经验、探索与增长知识。一方面活动要体现综合性,由于理论研究和语言表述的需要,学生的核心素养被划分为不同的方面。而人的发展是作为一个整体的发展,所以活动的设计不能只针对

表1 "小记者职业体验项目"教育教学目标

	交流沟通的能力	信息素养	批判性思维、创新思维和问题解决能力	公民责任与社会参与
入门	能够敢于、乐于与他人沟通;能够协助小组其他成员共同完成新闻的采写、编辑、发布	能够简单运用信息检索、采访的方法获取相关的信息	围绕采访话题,能够确定采访目的,搜集采访资料,提出采访问题;能够用一些简单的形式展示自己项目学习的成果	有意识地关注身边的人、事、物和时事新闻;积极参与各类社会活动
基础	能够与他人进行流畅、有效的沟通;能够与小组其他成员共同完成新闻的采写、编辑、发布,并发挥自己的独特作用	能够综合运用信息检索、采访、调查的方法获取相关信息,并初步筛选出所需信息	围绕采访话题,能够制定较为详尽、完善的采访计划;能够用一些较为综合的形式展示自己项目学习的成果;能够针对某些时事热点或现象发表所思所想	主动关注身边的人、事、物和时事新闻,尝试用语言、文字、相机等形式进行呈现;有目的地广泛参与各类社会活动
提高	能够与他人进行灵活、高效的沟通;能够与小组其他成员共同完成新闻的采写、编辑、发布,在小组任务的完成中发挥良好的组织协调作用	在综合运用检索、采访、调查等方法获取相关信息的基础上,运用科学的方法进一步筛选出所需的信息	能够根据自己的兴趣,选取采访对象,制定采访计划,策划采访活动;能够用一些综合且有创意的形式展示自己项目学习的成果;能够较为全面、客观地针对某些时事热点或现象发表所思所想	主动关注身边的人、事、物和时事新闻,热爱参与各类社会活动,及时采集信息、发布新闻

某一项素养的培育，而是围绕“小记者”项目的核心育人价值，促进学生在活动过程中多项核心素养的共同发展。另一方面活动要与现实情景发生联系，为学生提供丰富多彩的实践体验平台，提高学生运用“小记者”的相关知识和技能来解决问题的能力。

三、基于核心素养培育的校外“小记者职业体验项目”的内容框架

“小记者职业体验项目”虽然强调综合与“跨界”，但其内容确立不能离开“小记者”本身的项目属性。因此，如何将“小记者”的知识、技能有机融入项目中，从而促进学生核心素养的发展就成为首要思考的问题。在“职业体验项目”的内容框架（见表2）的确立过程中，坚持三项原则：

第一，以活动为主线，贯穿教育教学始终。如模块1至模块4虽然强调“小记者”的知识和技能，但都主要采用了的活动的方式，让学生在自主体验实践的过程中收获学习经验，发展相关的能力和素养。

第二，内容适当拓展要遵循相关性。如关于新闻采访与调查，在强调采访的基础上，拓展社会调查的相关方法与知识，让学生掌握一定的社会研究的方法，全面提升学生获取信息的能力。

第三，活动的设计要具有灵活性、时代性，除了保留某些经典的活动外，要及时融入相关的热点话题和时代元素设计新的活动。如与杨浦区“最美文化地标”摄影作品大赛有机集合、组织学生开展“最美”杨浦的采风实践活动。

表2　校外小记者“职业体验项目”的内容框架

课程模块	具体内容	学习目标
模块1：认识记者与新闻	（1）认识记者 （2）走近新闻	了解记者的发展变迁及工作任务，理解什么是新闻，掌握获取新闻线索的基本方法，明确学习的意义，激发学习兴趣
模块2：新闻采访与调查	（1）新闻采访 （2）新闻调查 （3）模拟采访	具有运用采访、调查等方法收集所需信息的能力和素养
模块3：新闻写作与发布	（1）新闻写作基础知识 （2）消息的写作 （3）图说新闻（写作练习）	具有对所收集的信息进行选择、组织与加工的能力；能根据不同的媒介要求写作并发布信息；初步认识到终身学习的重要性
模块4：新闻摄影与观察	（1）新闻摄影基本技巧 （2）新闻摄影采风活动 （3）图片新闻的制作	具有用摄影呈现人、事、物的意愿和基本能力
模块5：“小记者”综合实践活动	（1）小组活动计划、方案的制订 （2）实地开展活动 （3）成果交流及展示	能够和小组成员合作，综合运用“小记者”的一些方法和技能解决实际问题，并以特定的形式呈现小组的学习成果

四、基于核心素养培育的校外“小记者职业体验项目”的实施与评价

项目的设计可以说是“蓝图”，如何将“蓝图”化为现实，就需要对项目进行实践，并在实践中不断调整完善。实施的策略与方法应当与实现项目的预期效果相结合，而最终效果都要落实到学生的收获与成长表现的评价中。

（一）校外“小记者职业体验项目”的实施

在项目的实施过程中，主要做到了以下两点。

第一，长课时与短课时有机结合。对于一些核心能力、习惯的培养，采用这种形式更能取得长效。如为了引导学生养成关注新闻时事、读报的良好习惯，并锻炼学生的语言表达能力，所有社团室内课都设置了10分钟的“小记者讲新闻”的环节，每次有两名小记者自主选择、播报一周内的新闻。而“即兴采访”也是非常受学生欢迎的一种形式，每次由老师指定一个主题，请“小记者”邀请1～2位家长进入教室接受采访。长课时则体现在以模块来组织实施，每个模块都包含多个互相联系、有序衔接的课时内容。

第二，基础学习与实践活动互相渗透。课程共分为五个模板，每个板块都设计有实践体验活动，尤其是前四个模块在强调提升“小记者”的基本知识、技能的基础上，多项活动贯穿其中，不断丰富了学生作为一名“小记者”的实践经验，在实践体验中让学生自我发现与提高。

（二）校外“小记者职业体验项目”的评价

评价主要包含对学生评价和对项目自身的评价两个方面。由于项目的教育目标旨在发展学生的核心素养，而素养更多地指的是一种内化了的“知识”，不易进行明确的测量和评价，而且学生的素养形成是需要一个过程的，因此，对学生的评价导向还是倾向于过程性评价和诊断性评价。对每个学生评价的内容主要包含出勤、讲新闻、（课堂）活动表现、展示交流四个方面，通过量表评价及描述性评价的方式进行。项目评价主要是采用行动——反馈诊断——改进完善的方式，通过学生参与的积极性来判断活动是否贴近学生，通过对活动的过程与效果的观察分析确定活动设计的不足及改进的地方。

五、基于核心素养培育的校外“小记者职业体验项目”的活动实施

纵观校外“小记者职业体验项目”的设计与实施，活动都始终作为一个重要的元素融入其中，也是项目设计实施的重要载体。

（一）“小记者职业体验项目”的活动分类

“小记者职业体验项目”活动主要包含综合性活动和体验性活动两大类。

1. 综合性活动

强调“综合性”，突出“小记者”综合运用各类相关的知识、技能在模拟的情景来解决特定的任务与问题，关注“小记者”的问题解决能力和思维能力的发展。此类活动的设计主要吸收了“项目学习”（见下图2）的思想和策略。

“小记者职业体验项目”综合性活动主要包含以下几个过程：① 搜集活动（通过资料检索、文献阅读、访问、调查获取相关信

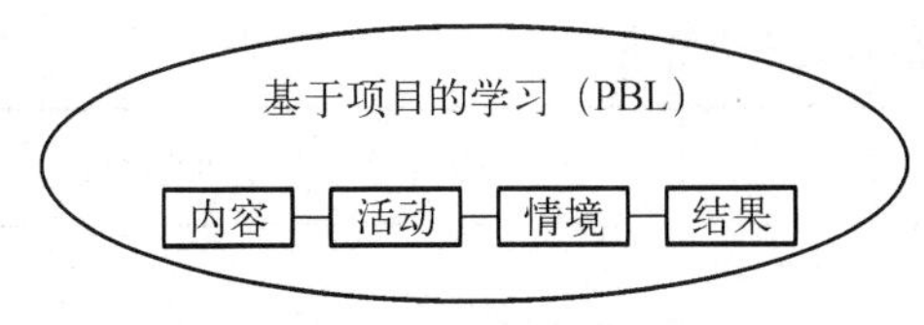

图 2　项目学习的要素

息)；② 加工活动(对搜集信息进行选择、分析、加工，构建产品)；③ 呈现结果(各组运用不同的形式予以呈现学习结果)。比如“最美杨浦”综合实践活动就是首先让学生开展相关信息的搜集，然后对搜集到的信息进行加工、分析，并最终形成每组对“最美杨浦”的推介方案。

2. 体验性活动

体验性活动主要指的是学生作为一名“小记者”参与新闻采写的实践过程。作为校外教育机构，承担市、区各类学生活动的组织开展，体验性活动的资源相对比较丰富。在对资源的选择的过程中，一方面考虑到学生的个体需求，为学生个体寻找、搭建合适的实践平台；另一方面是结合学生兴趣特点、资源特性等设计的全体参与的体验活动。为了充分考虑学生的个体需求，在学生踏入社团不久，组织开展了关于“小记者心愿单”的调查活动，搜集每位“小记者”的采访意向、兴趣点。比如一位女同学在心愿单中写到很喜欢足球类的体育运动，并想去采访。为此，就结合上海市东方网小记者的活动资源，为这位同学安排了美式橄榄球职业联赛的观摩采访活动。教师主要负责活动资源的组织及整体设计，新闻采写活动的主题确定等主要由学生小组自行确定，充分尊重学生的自主性。

(二) 校外“小记者职业体验项目”活动设计

“小记者职业体验项目”的活动设计主要包含活动背景、活动对象、活动目的、活动过程、活动成果及展示几个方面的内容，现结合《“职业与未来”——“小记者”综合实践活动》的设计予以详细说明。

1. 活动背景

一次社团课时，无意间问学生一个问题，你长大后想做什么？很多同学一脸茫然，甚至有的同学连自己喜欢、擅长什么也不清楚。这群 4～7 年级的学生中绝大多数都表现出对自我及未来的认知的欠缺。这是引发我设计“职业与未来”——“小记者”综合实践活动的最直接的原因。

2. 活动目的

如何才能激发学生有意识地进行自我探索和生涯思考？对这个问题的深入思考，最终从知识与技能、过程与方法、情感态度价值观三个方面确定了活动的目的：围绕“职业”话题，通过信息检索、采访调查等方式获取相关信息，初步认识和了解职业，并有意识地去探索自我，思考自己的学业、职业与未来，进一步明确学习目标，激发学习主动性。

(三) 活动过程及内容

活动共分为三个阶段，第一阶段引导学生小组协作，利用“小记者”信息采集的方法自主确定采访方案，确立采访主题，完成提问设计，安排人员分工。体现“小记者”的项目属性，为学生创设自主合作的机会。第二阶段就是采访实践活动，活动时间安排在周末，地点选择在大型百货商场。人流量大，便于采集更多元的职业信息。让学生对职业有更为直观的了解与体验。第三阶段就是在学生对职业有一定的了解基础上，引导他们将职业与自身建立联系，并尝试进行初步的自我生涯规划。

表 3 小记者职业体验项目活动三个阶段

时间安排	具体内容及过程	活动目的
第一课时——活动准备(90 分钟)	(1) 围绕“职业”话题,制定小组人员分工及采访方案 (2) 小组进行模拟采访实践展示与交流 (3) 完善调整小组人员分工及采访方案	小组团结协作,认真制定采访方案,为实地采访做好充分准备
第二课时——实践活动(90 分钟)	(1) 拓展游戏 (2) 杨浦滨江百联现场采访实践活动 (3) 采访资料整理	通过实地采访,培养自信、大胆与人交流沟通的能力,并搜集与职业相关的信息,从而对职业有更加深入的了解及认识
第三课时——拓展交流(90 分钟)	(1) 交流采访实践感悟 (2) 以“未来的我”为题,思考自己想从事的职业是什么? (3) 学生对照自己的职业理想,浏览招聘网站搜集相关职业的要求,明确努力方向和学习目标	激发职业意识,将学业与职业、当下与未来建立联系,明确学习目标,提高学习主动性

六、活动成果及展示

活动最终的目的是激发学生有意识地进行自我探索和生涯思考,注重学生的情感体验和激发。活动的效果及学生的收获主要从两个途径予以反映。

成果 1 学生采访实践感悟

在拓展交流的过程中,许多学生都写下了他们对于采访实践活动的感悟。社团里有个女孩,她的父母都属于特殊群体。这次活动之后,她写了《我长大以后》这篇短文如下:

有一个小女孩,从懂事开始,她就知道自己的爸爸妈妈和别人的有些不同。

爸爸妈妈很爱她,她也很爱爸爸妈妈,这是一个温暖的家。

日子一天天过去,小女孩渐渐长大了,她阳光、快乐……

一天,小女孩问自己,我长大了以后想做什么呢?

她想到了妈妈偷偷抹去的眼角泪水,

她想到了爸爸低沉的叹息、难掩的愁云,

因为与别人不同,爸爸妈妈活得更辛苦,但他们依然努力着。

我想让爸爸妈妈的脸上始终挂满笑容!小女孩灿烂地笑了。

那我就成为一名心理学家吧!帮助人们舒缓压力,让每个人都可以轻松、愉快地生活。

梦想因爱而生,因爱而坚定。

看着远方的路,小女孩的笑容更加灿烂了……

或许这个女孩未来不一定真的会成为一名心理学家,但是这次活动却让她对父母的爱不断延展,并且化为她的职业理想和追求,这何尝不令人感动。

成果 2 我的职业理想规划表

职业这个话题并不仅仅是指向未来,更

是与学生的当下有着千丝万缕的联系。怎样引导学生意识到这种联系呢？为此设计了这样一张表格，希望学生能够将未来的职业理想作为自己前进、努力的方向，明确学习目标，提升学习主动性，有意识地规划自己学业。

表 4　职业理想规划表

我未来的职业	工作时间	工作场合	工作对象	工作技能	学科要求
我的规划	(1) 我的优势和不足 (2) 我需要努力的方向 (3) 我每个阶段的目标 ……				

小学生“地铁探秘”职业体验项目的开发与实施

张 怡
上海市闵行区虹桥中心小学

小学生对未来职业充满了向往和憧憬，教师怎么放大孩子们的热情，推动孩子去做更多探索呢？小学生有了梦想，教师如何去呵护他们的职业梦想，并通过一些具体的事物，随时随地引导孩子去发现问题、解决问题，以及培养动手能力呢？这就需要找到与“真实世界”相关，结合现实生活中的背景，让学生发现生活中的问题，在解决问题的过程中，逐步了解自己的兴趣爱好、个人特点，树立正确的劳动观、职业观、成长观，这是小学开展生涯教育的价值所在。

上海地铁在城市发展过程中扮演了重要角色。地铁已经成为人们出行的首选公共交通工具。地铁离我们这么近，这是我们在“真实世界”中都会接触到的，面向未来都会亲历的工具。由此，课题组进行了“地铁探秘”职业体验项目设计与实施的研究。

一、研究背景

（一）国家对教育发展提出的新要求

《上海市中长期教育改革和发展规划纲要(2010—2020)》指出：“推动普通教育与职业教育渗透，各级各类学校要重视学生职业意识和职业技能教育。”《上海市教育综合改革方案(2014—2020)》提出，要“改革高校招生和录取方式”。学校(尤其是高中)开展生涯教育已刻不容缓。很多高中都认识到了生涯发展教育的重要性，通过有效的学业设计和适合的生涯规划，培养高中生正确的职业价值观，使他们能够合理制定适合自己未来的规划。

但是老师、家长们普遍认为小学生接触此类教育为时过早。其实，职业生涯发展是终身发展的核心，在21世纪充满复杂性、不稳定性和不确定性的工作环境中，个体从童年时期就应该开始为生活蓝图进行生涯规划，构建能动性、适应性和叙事能力等职业生涯目标。小学生处于个体成长的童年期，是为一生的学习活动奠定基础知识和学习能力的时期，是心理发展的一个重要阶段。应以“启蒙”为重点，开导蒙昧、使之明白事理。

（二）学校已有研究基础

本校长期以来，利用上海丰富的场馆资源，开展“走进社会大课堂，在历练中成长”的社会实践研究。提出的行动口号是，“乘着轨交去参观，带着问题去探究”。老师们了解场馆信息，设计任务单；学生们拿着任务单到场馆边看边寻，完成任务单。学校与宋庆龄陵园共建多年，校内校外有效衔接，合力开发了《寻访宋庆龄陵园》一至五年级实践课程，开展项目式实践活动，协同育人，形成校内外教育实践共同体。在长期开展社会实践工作中，我们发现众多的场馆中，有不少行业博物馆。作为近现代中国最大的工商业城市，上海的行业文化资源十分丰富，开发和利用这类场馆资源，无疑是开展职业启蒙教育的良好途径。2014 年 10 月，学校附近新建成了上海地铁博物馆。地铁，与日常生活息息相关，是城市文化的缩影。学生们大部分都乘坐过地铁，对城市地下交通有着无限的好奇。

（三）本项目的研究价值

我们认为，要提高小学职业启蒙教育的效果和质量，可以通过职业体验项目这个途径来实施，在一次次项目式学习中，认识自我，认知工作世界，幻想未知的未来，从而更好地规划自己的学业和专业，而“地铁探秘”项目恰好是一个非常好的平台。

基于上述背景，我们觉得利用就近的地铁博物馆资源和家门口的地铁线路，进行项目化的职业体验，帮助小学生职业启蒙教育，有实践育人的基础。项目化职业体验是以学生为中心，以真实情境为背景，基于现实主题，运用学科知识，习得必要技能，以学生为中心去解决真实问题的学习方式，并可能演化为学生行走世界的思维方式。

二、研究思路与方法

（一）研究目标

一是开发地铁资源的职业体验项目，形成校内校外，多领域协作的图景。

二是在职业体验中，引导学生知道现在的学习是为了未来的职业做准备。

三是创造职业接触机会，帮助学生遇见职场中的自己，培养学生朴素的劳动观。

（二）研究思路

1. 充分利用场馆资源

上海地铁博物馆，与学校同属于虹桥镇，是一家行业博物馆。学校附近有轨交九号线合川路站。丰富的资源，为学生开展体验活动提供了很好的场所。

2. 将场馆资源转化为认知课程和体验项目

走进地铁博物馆拓展视野，探究“地铁产业链”的发展与延伸，激发学生学习的兴趣。走进地铁站，接触职业，通过参观、访问等多样的体验形式，培养学生朴素的劳动观。

3. 形成家校互动良好运行机制

参观地铁博物馆、乘坐地铁的历程中，学生和家长开展亲子互动，既了解职业的多样性，又培养孩子充满愿景和目标的生活态度。

（三）研究方法

1. 案例研究法

以典型案例为素材，并通过具体分析、解剖，反思不足，总结经验，以寻求解决教育问题的具体方案。

2. 行动研究法

在真实的教育环境中，综合运用多种研究方法如教育叙事、教育反思以及教学课例等，解决在培育小学生职业启蒙教育中出现的问题。

三、研究过程

职业生涯是个体人生历程的主体，职业生涯发展是终身发展的核心。以“地铁探秘”为主题的职业体验项目，是一个适应社会，不断发展的过程。职业启蒙活动对于中小学尤其是小学来说，又是一个新兴的领域，研究过程我们从初期的探索逐步走向系列活动项目的开发。

（一）职业启蒙活动的初始阶段

1. 启动职业启蒙活动

2015 年 11 月，学校科技节期间，五年级活动的主题是“地铁与职业”。以“城市一旦有了地铁，对哪些行业产生影响?”为题，引导学生发现地铁与城市变迁的关系。参观前学生们以“地铁”一词为核心，进行地铁职业思维导图设计。对于地铁这个未知的行业，从学生们的思维导图可以看出，他们所罗列的职业局限于日常乘坐地铁时看得见的，比如：售票员、安检员、发车员、司机、保洁员等，这样的视角太单一，也难以激发学生对该职业探究的兴趣。带着“地铁职业超链接”这样的探究任务，学生们来到地铁博物馆，选择一至两个版块，进行思维导图二度设计，以期唤醒他们对外界的觉知。与博物馆中的一件件静态实物进行近距离的对话，学生们对地铁行业有了新的认识。

2. 探索职业与学生班级生活的关系

2016 年 5 月，聚焦公共规范，开展《地铁——城市公共规范的闪亮名片》主题序列活动，引导学生对地铁从业人员的尊重之情。由此，三年级陈老师召开了《遇见岗位的精彩》主题班队活动，以地铁职业与班级小岗位的关系为主线，通过“地铁岗位知多少”“地铁人的智慧”“安检那些事儿”等环节展示，引导学生感悟做好今天的岗位，成就明天的自己。

3. 探索改进职业启蒙活动

2017 年寒假，开展“地铁安全随手拍”安全教育活动，用手机拍下地铁车站的安全元素，通过观察、采访，学生们知道原来还有消防、公安等行业都在为地铁的安全保驾护航。

两年多来，以“地铁”为关键词，我们已经在科普教育、养成教育、安全教育等领域有了一些实践，也开展了一些朦胧的职业启蒙教育。但是我们发现，一个活动与另一个活动之间缺少必要的联系，需要重新审视“地铁探秘”核心育人目标是什么，校内校外如何真正地实现融通。

（二）推进与场馆资源的对接

地铁，是个多元的载体。想要进一步开展职业启蒙教育，需要职场人协同育人，才能更有实效。本想从家长中挖掘这方面的资源，可是没有合适的。

2017 年 1 月，朋友圈中一则“上海地铁青年”公众号的微信，引起了我们的注意。加关注、浏览过往信息，隔空亦能够感受到了一股激扬的青春气息扑面而来。抱着试试看的心情，在留言处写道：

留言：请问小学开展地铁有关的科普、安全、礼仪的活动，是否可以联系你们集团企业管理发展部，寻求支持。

答复：可以联系集团团委，具体信息请在公众号留言回复具体需求和联系方式。

就这样不经意间，觅得了新的资源。之后和集团团委书记互加微信，双方约定了“地铁文化进校园”首次活动。

要抓牢这个资源，“一见钟情”十分重要。2017 年 2 月 27 日首次活动，集团团委书记带来了他的团队，介绍了集团的下属公司情况。从企业提供的名单来看，申通地铁覆盖全产业链的建设、生产、运营、维护等领域，是一个多元的行业。利用这一特定的职场，通过项目化体验活动，对学生探知职业，认知自我无疑提供了强有力的保障。

（三）地铁职业启蒙项目的开发

一所学校、一家企业建立了共建共育的意向，接下来就需要发挥各自所长，激活资源，为学生提供适宜的体验项目。

就“地铁”而言，是一个诸育融通的平台。为了比较清晰地呈现地铁丰富的教育资源，我们初步架构了“上海发展、公共空间、职业启蒙”三大篇章。

表 1　地铁探秘体验项目

篇　章	纲　目
1. 地铁.上海发展	(1) 交通工具变变变
	(2) 家门口有了地铁
	(3) 地铁中的科普知识
	(4) 开往博物馆的地铁
2. 地铁.公共空间	(5) 乘坐地铁注意安全
	(6) 乘坐地铁行有规范
3. 地铁.职业启蒙	(7) 地铁职业探秘行
	(8) 我想竞聘的岗位
	(9) 畅想 10 年后的上海地铁

有了项目纲要，2017 年 4 月四年级结合“地铁职业探秘行”，开展了“开启梦想号专列”生涯教育辅导课区级研讨活动，学校心理专职教师从孩子们前期对地铁职业的探究思维导图着手，通过对“匠人”职业品质的分析，进一步了解自身的特点，知道自己的所长，树立积极的职业观。

（四）“地铁探秘”职业启蒙活动项目的设计

要提高小学职业启蒙教育的效果和质量，除了开发多元的职业启蒙教育课程、提高教师和家长的职业启蒙教育意识、利用职业启蒙教育的资源，帮助学生了解自我、立足当下，合理进行自我规划，为未来健康发展奠定基础。还应该以学生为主，开展项目式学习。

项目组老师日常关注“上海地铁青年”公众微信，管窥企业有什么资源。又多次和申通地铁集团团委面对面头脑风暴。最终结合三个细目，设计了对应的项目(见表 2)。

表 2　地铁探秘项目

篇章	纲　目	项　目	项目内涵
3. 地铁.职业启蒙	(7) 地铁职业探秘行	解开地铁之谜	认识工作世界
	(8) 我想竞聘的岗位	匠人匠心讲故事	认识自我
	(9) 畅想 10 年后的上海地铁	地铁好问题	有梦想有准备

表 2 所示的“地铁职业探秘行”项目，旨在引导学生探知特定职业，从而感悟到地铁行业并不仅仅只有我们平时看得见的，其背后还有无限延伸的产业链，激发学生探秘的兴趣；“我想竞聘的岗位”项目，帮助学生认知自我，学会自己做出选择；“畅想 10 年后的上海地铁”项目，鼓励学生发挥想象能力，对未知的未来有憧憬，能适应时代的变化。

四、“地铁探秘”职业启蒙活动项目的研究成果

地铁，是上海人最熟悉最便捷的城市公共交通工具。地铁博物馆，包含“安全地铁、科技地铁、绿色地铁、人文地铁”四个主题，涉及领域广泛，适合学生职业角色认知，感知外部环境。本文以项目为突破口，以学生为中心，设计执行项目的教学方法，从而促进学生的学习效果。

（一）“解开地铁之谜”系列

由申通地铁公司团委公布八个谜面：地铁简史之谜，地铁岗位之谜，列车和线路之谜，地铁车站之谜，列车和线路之谜、车票之谜、设备之谜、数字之谜、安全之谜。学生根据自己的喜好，选择感兴趣的谜面探究。用小报、征文、摄影等方式，呈现探秘成果。2017年6月，申通地铁公司团委青年们来到学校进行“谜底大公开”活动。一方面对学生递交的作品进行评选，另一方面当场提问，考验学生前期探秘的成效，同时又引导学生自己来设计谜面。

例如八谜之一的“地铁车站之谜”，学生围绕地铁车站之谜，走进地铁站，走进博物馆，通过访学，知道了站台有三种类型，即：岛式站台、侧式站台、混合式站台。

如果解谜到此止步，那也仅仅是传统的学习方式。这位学生提出，平时车站提供的地铁线路图如果能够清晰地标注某个站台属于哪种类型的站台，会更有利于乘客，尤其是外地旅客的换乘。也就是说，如果乘客拖着沉重的行李，需要地铁换乘，如果可以选择，在岛式车站要比侧式车站更加方便、安全。例如：三号线换乘四号线，建议在中山公园站换乘，而非虹桥路站。

围绕项目中的一个谜面，解谜，再设谜，可以是一个无限拓展的谜。学生们在实景学习中，通过与现实相结合的实践方式，解决生活中的实际问题，培养学生有责任有担当的社会情感。教师或企业人员是协助者，帮助学生自主探究，不断完善。这位学生的建议，也递交给了申通地铁集团团委，企业人员对学生有这样的想法赞不绝口。

（二）“匠人匠心讲故事”系列

“上海地铁青年”公众号推出了“匠人匠心”宣传专栏。于是我们商量后设计了“匠人匠心讲故事”项目。青年匠星孙叔叔带来了“开启梦想号专列”职业启蒙教育的讲座。讲座从一份学习经历和一张工作名片入手，鼓励学生提问。有的学生问：为什么孙叔叔工作以后还要去攻读硕士呢？有的问：土建维护与地铁有什么关系呢？现场气氛异常活跃，激发着孩子们对职业的求知。而在问问答答之中，也让学生明白，要想未来更精彩，这与从小的学习和自身的兴趣都是息息相关的。

说到专业技术，像孙叔叔这样的匠星无疑是行业中的翘楚。他在工作上会钻研，能发明，可是面对一群四年级的小学生开讲座，并非他所擅长的。为此，由申通地铁集团团委书记牵头，每次活动前，建立了一个讲座群，邀请相关讲课人员进群，一起商讨有效的教育方式，支持职业青年自信满满地走进课堂。

延续讲座内容，四年级召开了“开启梦想号专列”区级研讨课，该堂课既是生涯教育辅导课，又是心理辅导课；既是前期讲座的延续，又是后期职业认知的起点。这堂课，我们也邀请了几位家长观摩。一位家长说道：“原来只知道有一个职业体验日活动，但想想孩子长大肯定不会去读职校，所以没有报名参加。这次听了课，才知道职业体验活动并不是引导孩子长大干这行，而是培养一种正确的态度。”的确，职业启蒙教育并不是要让孩子去了解某个行业，将来一定要从事这个行业，而是要触类旁通，从而发现自己的优势和不足，认识自己。其实，每个家长作为职业人，都能够用这种讲故事的方式，娓娓道来，让孩子们感悟各行各业的职业品质。

“匠人匠星讲故事”项目受到学生们的欢迎，我们又迎来了地铁维护保障有限公司车辆分公司的哥哥姐姐们带领小学生们认识了地铁车辆上的标识、组成部件，知道了车辆从哪里来，如何来。地铁维护保障有限公司供电分公司的两位哥哥带来的接触网安全课堂也异常受欢迎。他们带来了一串破了的氢气球，原来正因为这串飞来的氢气球触电网，导致轨交一号线运营影响了两个多小时。两位老师列举了各种“天外飞物”对地铁运行带来的危害。同学们由衷地感慨，“要从自我做起，遵守公共安全。”

行业人讲行业工作中的故事，工匠精神在一言一行中默默地传递。

（三）“地铁好问题”系列

1. 实景式学习——在现场发现问题

由一开始的“地铁博物馆”这一资源，到现在的地铁博物馆、地铁站、地铁实训基地，因为有了申通地铁集团团委青年们的参与，覆盖全产业链的建设、生产、运营、维护等领域，都能为学生开展项目式学习的有用资源。

成人的问题带给学生思考，那么学生自己也应在真实的生活情境中，学会提问，提出有意义、有挑战性的问题。

通过一次次讲座、参观等活动，学生们对地铁有了不少认知。此刻脑袋中的确有不少问题，如地铁是怎么转弯掉头的？地铁岔道与高铁岔道的原理相同吗？地铁运行中发生火灾，只有两头能逃离吗？我想做地铁车辆设计师，该考什么学校，什么专业？

地铁公司在学生们提问基础上组织开展评选“地铁好问题”活动。当然，评选不是终点，而是继续围绕问题，寻找资源、应用信息，再进一步追问。

2017 年暑假，以“地铁好问题”为项目任务，学生们来到地铁博物馆，带着探究单开启了探秘之旅。（见图 1）

探究单任务：

在喜迎党的十九大召开之际，从上海地铁博物馆十号线紫藤路站出发，要参观中共四大纪念馆、宋庆龄故居纪念馆、中共“一大”会址纪念馆、鲁迅纪念馆四个红色景点，请设计一条线路，并计算需要花费的车费。

图 1　探究学任务

这是一个开放的问题，没有统一答案。同学们运用所学数学知识，推算、整合票价的规律，学生们对地铁票价定价有了发现。学生又提出新问题：四个景点参观顺序如何最合理最省钱？每个红色景点靠近该站几号口出行更便捷？十号线沿线还有哪些红色景点？如果一日游，在哪个景点附近用餐比较方便？在真实情境中，对地铁的求知无边界。生涯发展教育要帮助学生学会决策、适应并规划未来。此刻学生们一起开展体验活动，规划轨交路线、了解周边环境、思考解决的方法，何尝不是一次浸润式的职业启蒙教育呢？

2. 虚拟化学习——在线上提出问题

自从暑期在地铁博物馆开展职业体验项目活动以来，五年级部分参与的学生意犹未尽，期盼着这样的活动再多一点。但是，地铁公司的人员也忙于各自的岗位，不能经常走进学校，或带领学生去实地学习。因此，我们想到了用虚拟化学习的形式。

首先在学校组建了“地铁探秘 VIP 社团”。该社团由五年级 12 位痴迷于地铁的粉丝组成，来自不同的班级。我们关注到这

样一条微信"除了你看到的站务员,地铁还有哪些岗位?"我们在群里转发了如下的一段文字:

微信中简单罗列了地铁维保分公司21个地铁领域行业的别称和照片:① 夏练三伏;② 地铁调温师;③ 吹灰;④ 我与天比高;⑤ 光影之间;⑥ 雄鹰展翅;⑦ 地铁守夜人;⑧ 焦金烁石;⑨ 夜间公路;⑩ 切割钢轨;⑪ 支撑块整治;⑫ 打磨钢轨;⑬ 倒影;⑭ 巾帼不让须眉;⑮ 九号线列车架修任务;⑯ 红旗列车;⑰ 咱们工人有力量;⑱ 勿以善小而不为,勿以恶小而为之;⑲ 惊细检修;⑳ 专注;㉑ 授之以渔;

你觉得哪个别称起得最吸引眼球,引起你的好奇?假设有机会采访其中一位,你想采访谁,提一个什么问题?(请将2个序号和1个问题写在白纸上,星期一单独交给张老师)。

从微信中获取知识是网络时代不可或缺的学习方式。微信中的一幅幅图片中,激发了学生好问的热情。看到"吹灰"这个别称,学生问"为什么吹灰的时候人要站在旁边?机器不能替代吗?吹灰对身体有没有危害?"地铁公司维保公司马上在群里回应:"吹灰,是为了吹除受热面的积灰以改善传热效率。人站在机器旁吹灰,是为了将更细微的地方都能吹散灰尘,确保地铁运行安全。"

线上线下学习的方式,便捷又高效。激发了学生提问的热情,养成了学生提问的习惯。

五、成效与反思

随着经济的发展,各行各业对行业博物馆的认识不断深入,上海地区会有越来越多的行业博物馆发展起来。行业博物馆作为博物馆网络的重要组成部分,以行业发展为经线,为人们了解上海历史脉络、梳理行业文化遗产提供了探究的窗口。依托地铁博物馆和地铁行业,使一所学校和一家企业携手,助力青少年梦想号的列车已经开启。

几年的实践研究,我们确定了"解开地铁之谜""匠人匠星讲故事"、"地铁好问题"三个项目,并围绕这三个项目,开展深入持续的职业体验项目。我们认为还有以下几个方面值得思考:一是为学生匹配适合的项目,打破班级单位,按学生感兴趣的项目组建学习组;二是为项目建构开放的课程,微视频、游戏方案都可以成为课程资源;三是为课程培养导师,导师可以是学校教师、家长、企业人员。

参考文献:

[1] 刘静.区域整体规划中小学生涯教育的实践与探索[J].上海教育,2016(9):10-14.

[2] 刘华.个性化学习,重构校外教育活动项目[J].上海教育,2017(4):87.

[3] 刘超.HTM,那所"美国最有前途的学校"[J].新校长,2017(7):18-22.

专门学校学生网络依赖的成因分析与缓解机制探究

张　权
上海市灵石学校

一、研究意义

计算机的出现及网络的高速发展给人们的生活方式带来剧烈的变化。网络在带给人们便利的同时,也会携带出现网络依赖、游戏成瘾等心理疾病。许多“游戏迷”中学生,一旦不能接触网络便会感到焦虑和沮丧,文化学习已经没有意义,社会交往变得不再那么重要,通宵熬夜也已经是家常便饭,他们的人生乐趣就是为了在游戏中获得更大的成就。对于问题学生相对较为集中的专门学校而言,这种现象尤为严重。花费过多的时间在游戏等网络有关的活动中,已然对一些中学生的身心健康、学习生活和社会交往造成严重不良影响,虚拟世界牢牢占据着个人的生活时空,并造成与现实生活的严重脱节,一些背离法律与社会道德的行为也相继出现。专门学校学生的网络依赖已演变为一个不容忽视的问题。因而,探寻专门学校学生网络依赖的成因,形成有效的干预机制,不仅对于专门学校,对于普通中学而言也具有非常重要的教育参考价值。

二、研究的理论依据

(一) 网络成瘾的概念

1. 网络成瘾的概念最早由 Goldberg 提出[1]。Young 的研究[2]证实了这一现象的存在: 她报告了在其研究的 496 例网络用户中,有 396 例是依赖型网络用户。

2. 网络成瘾(IAD)的界定[3]

北京军区总医院经过 4 年的临床实践与研究,从 3 000 多例网络成瘾患者的临床资料中抽取了 1 300 例具有代表性的样本进行临床跟踪研究,制定出了《网络成瘾诊断治疗标准》,为网络成瘾的诊断、治疗、干预、预防提供了可靠的依据。该标准制定负责人、北京军区总医院成瘾医学科主任陶然强调,网络成瘾就是精神疾病,其主要临床症状是对网络渴求、戒断后有强烈反应、非工作原因每天上网超过 6 小时。该标准首次将网络成瘾分为五类: 网络游戏成瘾、网络关系成瘾、网络色情成瘾、网络信息成瘾、网络交易成瘾。其中以网络游戏成瘾者居多,其次是网络关系成瘾,如网恋、网婚等。诊断标准中明确,网络成瘾患者临床症状的共同特点是: 对网络存在强烈的沉迷和渴求,不断增加上网的时间和投入程度;停止或减少上网时出现烦躁、易怒等戒断反应,严重者甚至出现冲动、攻击、毁物等行为;长时间人机交流,只愿意与在线朋友沟通,和现实世界逐渐脱离,变得害怕与人交往等。

3. 诊断标准

网络成瘾的诊断标准(The diagnostic criteria for Internet Addiction; The network becomes addicted to diagnosis standard),根据北京军区总医院制订的《网络成瘾临床诊断标准》[4]。

(1) 症状标准。长期反复使用网络,使用网络的目的不是为了学习和工作,或不利于自己的学习和工作,符合如下症状:

一是对网络的使用有强烈的渴望或冲动感。

二是减少或停止上网时会出现周身不适、烦躁、易激怒、注意力不集中、睡眠障碍等戒断反应;上述戒断反应可通过使用其他类似的电子媒介(如电视、掌上游戏机等)来缓解。

三是下述5条内至少符合1条:

① 为达到满足感而不断增加使用网络的时间和投入的程度;

② 使用网络的开始、结束及持续时间难以控制,经多次努力后均未成功;

③ 固执的使用网络而不顾其明显的危害性后果,即使知道网络使用的危害仍难以停止;

④ 因使用网络而减少或放弃了其他兴趣、娱乐或社交活动;

⑤ 将使用网络作为一种逃避问题或缓解不良情绪的途径。

(2) 严重程度标准。日常生活和社会功能受损(如社交、学习或工作能力方面)。

(3) 病程标准。平均每日连续使用网络时间达到或超过6小时,且符合症状标准已达到或超过3个月。

(二) 网络成瘾的理论模型

对网络成瘾的解释,最具代表性的是Young的ACE模型、Davis的认知—行为模型和Grohol的阶段模型。

1. Young的ACE模型

Young提出的ACE模型[2,5]中的A、C、E是指Anonymity(匿名性)、Convenience(便利性)和Escape(逃避现实)。她认为这是网络导致用户成瘾的3个特点。匿名性是指人们在网络里可以隐藏自己的真实身份,用户在网络里便可以做任何自己想做的事、说自己想说的话,不用担心谁会对自己造成伤害。便利性是指网络使用户足不出户,动动手指就可以做自己想做的事情,比如网上色情、网络游戏、网上购物、网上交友都非常方便。逃避现实是指当碰到倒霉的事,用户可能通过上网找到安慰。因为在网上,他们可以做任何事,可以是任何人,这种自由而无限的心理感觉引诱个体逃避现实生活而进入网络世界。

2. Davis的认知—行为模型

Davis提出认知—行为模型[6,7],试图解释病态网络使用(pathological internet use,简称PIU)的发展和维持。

Davis给出了一个较为完整的病理性互联网使用(Pathological internet use 简称PIU)的认知—行为模型(见图1)。该模型强调了非适应性认知(maladaptive-cognition)对病理性互联网使用行为的影响。PIU病因性链条(etiological chain)的近端是非适应性认知,它是PIU发生的充分条件。此外,Davis认为互联网使用的变态行为受到易患素质(心理病理学因素,如抑郁、社会焦虑、药物依赖)与生活事件(环境的线索:压力)的影响,它们位于PIU的病因性链条的远端,是PIU形成的必要条件。

如图1所示,该模型中靠近病因链近端

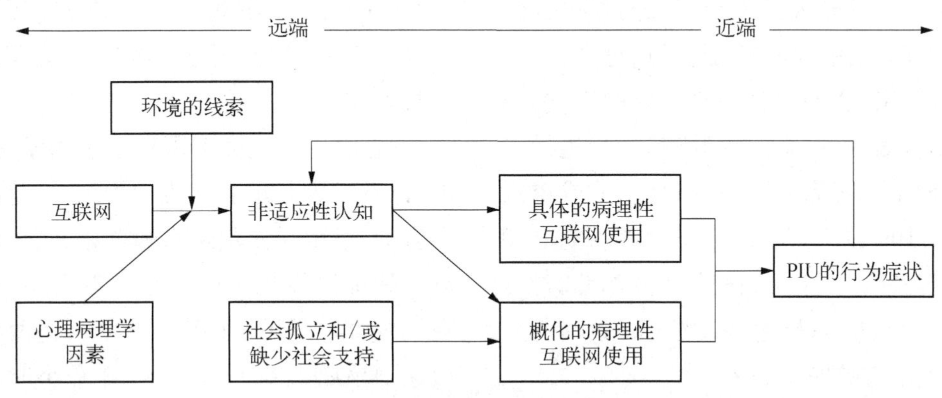

图 1　病理性互联网使用的认知—行为模型

的因素，是 PIU 发生的充分条件，靠近远端的因素则是必要条件。模型的中心因素是适应不良认知（maladaptive-cognition），它位于 PIU 病因链近端，是 PIU 发生的充分条件。Davis 认为 PIU 的认知症状先于情感或行为症状出现，并且导致了后两者。有 PIU 症状的个体在某些特定方面有主要的认知障碍，从而加剧个体网络成瘾的症状。该模型认为病态行为（PIU）受到不良倾向（个体的易患素质）和生活事件（压力源）的影响，它们位于 PIU 病因链远端，是 PIU 形成的必要条件。该模型对特定 PIU 和类化 PIU 做了界定。个体易患素质指当个体具有抑郁、社会焦虑和物质依赖等素质，则更容易发展出病态网络使用的行为[8,9]。压力源（紧张性刺激）指不断发展的互联网技术。

3. Grohol 的阶段模型

Grohol 提出阶段模型[10]，认为所谓网络成瘾只是一种阶段性的行为。该模型认为网络用户大致要经历 3 个阶段，第一阶段：网络新手被互联网迷住，或者有经验的网络用户被新的应用软件迷住；第二阶段：用户开始避开导致自己上瘾的网络活动；第三阶段：用户的网络活动和其他活动达成了平衡。Grohol 认为所有的人最后都会到达第三个阶段，但不同的个体需要花不同的时间。那些被认为是网络成瘾的用户，只是在第一阶段被困住，需要帮助才能跨越。

为了更深入地探究未成年人网络成瘾的成因以及缓解措施，我们也进行了相应的实践研究。

三、专门学校学生网络依赖缓解的实践研究

（一）前期准备阶段

1. 研究对象的确定

我们利用《Young 的网络成瘾量表》和《中学生网络成瘾量表》对学校的 38 名在校生进行测试，筛选出符合网络成瘾标准或达到网络成瘾临界标准的学生。

《Young 的网络成瘾量表》的网络成瘾的判断标准：每题的 A、B、C、D、E 选项分别计 1，2，3，4，5 分，计算总分。40～60 轻度，60～80 中度，80～100 重度。

《中学生网络成瘾量表》的网络成瘾的判断标准：每道题均以 0，1 记分法记分，是记 1 分，否记 0 分，22，25，27 反向计分。28

个选项中若总分大于等于15分,便可大体判定为其对网络的依赖已达成瘾程度。

接下来,我们对初步筛选出的13名学生应用自编的《网络应用调查问卷》进行问卷调查,结合每周上网40小时以上或单次上网8小时以上,从13名学生中筛选出9名研究对象。占本次调查总人数的23.7%,其中男生8人,占男生总数的25.8%,女生1人,占女生总数的14.3%。

对这9名学生应用自编的《网络应用调查问卷》进行问卷调查分析,发现以下特征:

大部分学生对上网表现出了较高的兴致,"每次回家,我做的第一件事就是打开电脑"的学生占88.9%。上网年龄呈现低龄化,初次上网年龄在11岁以前的占50%以上。大部分学生在家里上网的时间最多,人数占77.8%;平均每周上网40小时以上的学生占33.3%,平均每次上网8小时以上的学生占77.8%;学生上网主要是玩游戏和聊天,沉迷网络的主要类型是网络游戏成瘾和网络关系成瘾;学生的上网花费全部来自零用钱,有55.6%的学生每月用于上网的零花钱在60元以上;55.6%的学生报告,网上曾自动弹出色情网站,其中11.1%的学生经常登录色情网站;66.7%的学生因为上网而影响到睡眠,44.4%的学生因为上网而与父母的沟通少了;55.6%的学生认为由于上网而影响到了学习,44.4%的学生有因为上网而逃课的经历;88.9%的学生有很熟悉的网友;由于网络上可以隐藏自己的真实身份,有超过一半的学生认为网上说说粗话没什么大不了,有一名学生认为网上做什么都可以;77.8%的学生认为上网对自己的学习无帮助。66.7%的学生从来没有考虑过少花一些时间玩电脑游戏,22.2%的学生虽然考虑过少花一些时间玩电脑游戏,可是很难拿出行动。

由此可见,过度上网对学生的学习、睡眠,以及与家长的沟通都造成了一定的不良影响,学生对使用网络的开始、结束和持续时间难以控制。周一至周五下午,学生在学校寄宿学习,而周五下午上完两节课回家到星期天晚上这不足60个小时的时间里,这些学生累计上网达40小时以上或单次上网8小时以上而无法自我控制。因此,可判定他们对电脑网络已达到依赖的程度。

2. 家庭教育情况调查

为了解学生所在家庭家长的教育方式、家长对网络情况的了解程度以及对子女上网的干预情况,我们编写了《中学生网络应用家长调查问卷》,对38名在校学生的家长进行了调查,实际获得有效问卷34份。

(1) 调查发现,有网络依赖倾向学生的家长中,有87.5%的学生家长认为孩子比以前懂事了,教育方式上要多讲道理;有12.5%的学生家长不大管自己的孩子。而其他学生的家长中,有25%认为孩子需要严格管教;67.9%的学生家长认为孩子比以前懂事了,教育方式上要多讲道理;有3.6%的学生家长不大管自己的孩子;另有3.6%的学生家长认为孩子比以前懂事了,因而不大管自己的孩子。

在与子女的沟通方面,有网络依赖倾向的学生的家长中,有37.5%的家长能够做到经常沟通,有50%的家长因为工作忙或管不住孩子而很少与孩子沟通。其他学生的家长中,有64%的学生家长能够做到经常与自己的孩子沟通。

有网络依赖倾向的学生的家长中，有62.5%的家长认为上网以及玩电脑游戏容易成瘾，不利于孩子的成长，认为上网以及玩电脑游戏有利于开发孩子的智力占12.5%。而其他学生的家长中，有52%的家长认为上网以及玩电脑游戏容易成瘾，不利于孩子的成长，认为上网以及玩电脑游戏有利于开发孩子的智力占12%。

在有网络依赖倾向的学生的家长中，孩子玩电脑时，家长不闻不问的占50%；偷偷地观察电脑上是什么内容，而不让他(她)知道的占12.5%；坐在旁边看或严格规定好玩的时间占37.5%。而其他学生的家长中，孩子玩电脑时，家长不闻不问的占30.8%，偷偷地观察电脑上是什么内容，而不让他(她)知道的占34.6%，坐在旁边看或严格规定玩的时间的占34.6%。

有网络依赖倾向的学生家长中，认为孩子上网或玩电脑游戏花的时间太多的占87.5%。而其他学生的家长中，认为孩子上网或玩电脑游戏花的时间太多的占69.2%。

有网络依赖倾向的学生的家长中，有75%的家长认为孩子经常因为上网或玩电脑游戏而睡得很晚。而其他学生的家长中，仅有20%的家长认为孩子经常因为上网或玩电脑游戏而睡得很晚。

有网络依赖倾向的学生的家长中，75%的家长认为孩子因迷恋上网或玩电脑游戏而使学习受到了严重影响。而其他学生的家长中，这一比例是36%。

(2) 结果分析。通过调查，我们发现，与无网络依赖倾向学生的家长相比，虽然大部分有网络依赖倾向的学生的家长认为上网以及玩电脑游戏容易成瘾，影响到了孩子的睡眠和学习，不利于孩子的成长。可是他们当中的大部分人由于工作忙等原因，与自己的孩子沟通、交流的时间较少，对孩子过度上网干预较少，家长关心孩子的时间较少，孩子缺乏关怀与社会支持是孩子产生网络依赖的重要原因之一。

(二) 研究的实施阶段

1. 网络依赖学生的家长及学生的认知改变与调整阶段

从《网络使用情况家长问卷调查结果分析》中我们发现，虽然网络依赖学生的家长对孩子网络依赖的情况以及过度上网娱乐的危害有一定的了解，但由于家长因为工作忙或对孩子过度上网的重视程度不够，因而对孩子上网的干预程度低。另一方面由于学生平时在学校寄宿制学习，他们上网的时间主要集中在周末，而家长如能在周末加强对孩子上网的干预，无疑将极大地促进这项研究。为转变家长对孩子上网进行干预的态度，我们需要对网络依赖学生的家长进行团体辅导。

通过对学生进行访谈我们发现，9名有网络依赖倾向的学生虽然对过度使用网络对生活、学习及人际交往的不良影响有所认识，但对过度使用网络危害认识的深刻性还不够，因而有必要通过团体辅导的方式，对他们进行集中教育与指导，以转变他们的非适应性认知。

课题组老师对网络依赖学生的家长以及学生进行了团体辅导的研究。

(1) 第一个模块是通过对网络依赖学生的家长进行三次团体辅导。

第一次团体辅导向家长介绍网络依赖有关的知识。比如介绍网络成瘾的标准，网络使用者的社会心理特征，以及过度使用网络给青少年所带来的影响。引发家长对子女过度迷恋网络现象的关注,力求取得家长对个案研究工作的理解与支持。

青少年网络使用者所具有的社会心理特征:有限的感官体验,身份的可变性和隐藏性,地位的平等,空间界限的扩展,时间的延伸和压缩,关系的多样化,记录的永久性,变化和梦幻的状态,黑洞的体验[11]。

青少年网络使用者通过网络使用所获得的心理满足:情感表达的需求,性心理的表露需求,网上娱乐心理的满足,人格变态者可以在网上实现改变自己身份的愿望[11]。

网络使用可能给网络使用者带来以下几个方面的心理变化:网络可能使个体学习行为方式产生变化,网络可能导致个体的现实生活方式发生变化,网络可能导致个体思维方式的改变,网络可能导致个体社会化模式的改变,网络可能导致个体心理健康状态发生改变,网络可能导致个体人格结构发生改变[11]。

家长们反映,虽然以前只知道孩子过多上网会影响到睡眠和学习,可没想到迷恋上网会给孩子带来这么多的影响。通过这样的团体辅导的过程,家长们对网络的认识更加深刻了。另外,家长们谈到由于孩子与家长沟通的时间减少,孩子有时表现出很强的逆反心理,给家长增加了很大的教育难度。

这次活动结束前,给家长布置的家庭作业是希望家长关注孩子上网的情况,作为第二次活动讨论的内容。

第二次团体辅导向家长反馈对学生进行的网络依赖问卷调查的情况。通过反馈,家长对孩子上网的情况有了更深入的了解,家长们也谈了他们的看法。有的家长谈到虽然孩子在家过多上网会带来多方面的不良影响,可是能避免与外面的不良青少年接触,也就心满意足了。有的家长嫌孩子在家里烦,就给他们钱,让他们到外面网吧去玩,家长认为和网吧老板熟,孩子在那里不会有什么事。有的家长谈到了因为工作忙,所以很少有时间管孩子。在这次的活动中,我们举了两个事例来说明上网可能带来的其他严重影响。一个是27号学生在网吧结识不良青少年,在对方偷电瓶时参与望风而被警察质询;另一个是28号学生盗卖别人QQ号里面的装备。通过这些真实的事例,家长们进一步认识到即便孩子在家里上网也可能受到严重不良影响。家长们在提高对网络危害性认识的同时,也更多关注并适时干预孩子过度上网行为。

这次团体辅导活动结束前,给家长布置的家庭作业是思考怎样在家庭教育方式上有所转变,采取一些措施缓解孩子的网络依赖问题。

第三次团体辅导活动讲述有网络依赖倾向的孩子家庭教育中存在的问题,与家长一起探讨缓解孩子网络依赖的方法。

经过调查发现,孩子的网络依赖原因有多方面。有的是为了在虚拟世界满足自己的成功感,有的是为了迷恋游戏中的故事情节,然而,不可否认的是,有不少家长由于工作忙等原因,对孩子的学习生活缺乏监督与指导,与孩子缺乏沟通,也是导致孩子网络依赖的一个重要因素。青少年时期是孩子逐渐走向成熟的时期,青少年需要面临很多的人生选择,对于心智的发展尚不健全的他们来说,本应接受更多的指导,然而,有很多家长却误以为他们长大了,可以不用管他们了，家长可以做一些自己的事情了，这一切导致了孩子在人生的旅途中走了弯路。

家长们经过讨论认为，首先应该与孩子多沟通，更多地掌握孩子的心理动态；其次给孩子提供更多的支持，因为这些孩子存在学习问题和情绪困扰，所以需要配合学校，给予他们更多的支持；其三家长与孩子一起参加一些有助于增强亲子关系纽带的活动，哪怕是一起做做家务，买买东西，看看电影；其四努力创造条件，使孩子其他方面的兴趣爱好得以充分发展。其五配合老师的工作，对孩子的上网的情况进行监督。

课题组老师认为，减少孩子上网的时间首先要考虑孩子本人的意愿，避免造成严重的逆反心理，这样反而不利于对孩子的教育；减少孩子上网时间的同时需要发展孩子其他方面的兴趣爱好，用一些孩子喜欢、又有益于孩子身心健康成长的活动来代替上网；减少孩子上网的时间，首先要达到的就是保证孩子正常的作息时间，使孩子有足够的休息时间。此外，学校老师会根据孩子的兴趣爱好帮助他们制定比较详细的周末作息计划，届时也将告知家长，希望家长能够积极配合学校老师的工作，监督孩子按计划执行。

(2) 第二个模块是对有网络依赖倾向的 9 名学生进行三次团体辅导。

第一次团体辅导是了解学生上网的时间分配，沉迷网络的过程；向学生讲述网络成瘾的标准，让他们对照标准看自己是否存在网络成瘾。

通过讨论，我们了解到学生上网的主要目的是玩游戏、聊天、看电影和看小说。有超过一半的学生玩游戏的时间占到了上网总时间的 70%以上。其中有 78%的学生周末因为上网而熬夜，有 30%的学生为了上网周末经常熬夜或不睡觉。

向学生讲述网络成瘾的标准后，有 5 名学生承认存在网络成瘾。本次团体辅导活动结束前给学生布置的作业是请同学们回忆上网的具体情况以及对自己生活的影响，作为下次讨论内容。

第二次团体辅导是要求学生回忆上网的具体情况以及上网给生活所带来的影响。

通过讨论，发现学生玩得比较多的游戏是 QQ、劲舞团、超级舞者、街头篮球、梦幻西游、地下城与勇士以及 CS 等。学生谈到在游戏中等级高了，在和别人 PK 时赢了很有成就感；有的学生谈到了在游戏中砍死怪物或 CS 中打死别人让自己很开心；有的学生在游戏中结婚，有的学生在游戏中组建自己的家族，自己当老大以实现自己的“追求”。关于游戏消费，有的学生在游戏上已经花费了 2 000 元，最多的一个学生在游戏上花费了 4 000 元。

这次团体辅导活动结束前，给学生布置的家庭作业是思考过度上网的危害以及我们应该怎样做。

第三次团体辅导是向学生讲述网络依赖的严重危害，学生谈感受以及自己的打算。

课题组老师向学生谈道：有许多网络游戏是骗人的。比如，网上枪战游戏虽然能使你能身临其中，激烈的战争场面、震撼的声音让你感到心惊胆战，每当打中敌人时就会兴奋不已，会赢得一些积分，可以让你买更多、更先进的武器，这些不断地刺激你、诱惑你，等你赢得的积分越多，奖品就越丰厚，于是，玩家便拼命地花时间、花钱玩游戏。

但结果呢？对积分的追求却永远毫无止境，这样不仅使自己的身体受到了严重的伤害，还会让你“倾家荡产”“一无所有”，更严重的是学习也受到了极大的影响，思想上不求上进，只知道玩游戏。有的孩子玩得没钱了，就想法子弄钱，甚至去偷、去骗，从而走上犯罪的道路，追悔莫及。

网游运营商非常善于把握玩家的冲动型消费心理。玩家一旦上了套，就很难放弃已经投入了大量金钱的账号，结果就只能不断投入。

通过这样的讲座，学生对网络运营商的意图有了更加明晰的认识，对所谓的免费网络游戏了解得更加深刻。

通过对学生的团体辅导，学生明白了网络毕竟是虚拟的，而不是真实的生活；所谓的“免费网络游戏”不过是游戏运营商为圈钱埋设的陷阱。游戏在给他们带来娱乐的同时，让他们失去的更多，大部分学生觉得上网要有节制。

2. 提供支持与生活指导的个案追踪研究阶段

经过团体辅导活动，大部分学生转变了对网络的认知，认识到了上网要有节制，可要让他们减少实际上网的时间没那么简单，最难迈出的是第一步。要帮助学生实现有节制的使用网络，就需要对他们进行时间控制能力训练，帮助学生合理地计划自己的生活；通过拓展学生其他方面的兴趣爱好来逐步压缩学生使用电脑网络的时间，由家长配合监督学生既定生活计划的执行情况。

我们课题组的老师首先进行了分工，每个人负责1～2名学生，对于不愿做出改变的学生，我们耐心地对他们进行咨询，通过归谬法等方法帮助他们认识到认知中的矛盾的地方，坚定他们做出改变的决心。对于愿意做出改变的学生，我们根据他们的兴趣爱好和意愿，帮助他们制定具体的生活计划，由家长监督执行，一步一步引导他们减少上网的时间。老师们放弃了周末的休息时间，积极参与到学生感兴趣的活动中来。学生取得的一点点进步，老师们都及时地予以肯定和表扬，在老师坚持不懈的努力下，学生网络依赖缓解的效果也不断地得到巩固。

（三）研究结果

作为研究对象的9名学生中，有8名学生的家长能够积极配合学校的工作，课题组老师根据学生的特点，通过拓展学生篮球、游泳、购物、收藏、舞蹈和3D MAX动画制作等方面的兴趣爱好，网络依赖缓解总体上取得了比较好的效果。4名学生每周的上网时间由原来的40小时减少到每周10～15个小时。3名学生每周上网的时间由原来的每周30～35小时减少到了每周10小时左右，一名学生每周的上网时间由原先的30～35小时减少为20小时左右，一名学生每周的上网时间由原先的30小时减少为20小时左右。

由于有1个学生的家长不配合学校的工作，使得对他的网络依赖缓解工作长时间处于停滞状态。后来，由于上网过多，这名学生逐渐对上网产生一种厌恶感(类似于满灌疗法的原理)，上网时间也有所减少。课题组老师们经过仔细分析发现：这名学生的主要问题不在于网络依赖，而是由于对家庭生活环境感到自卑并不愿承认现实，有时会产生妄想。比如当老师讲到印度、柬埔寨等国的地理常识时，这名学生说他去过，有亲戚在那一带做生意，实际情况并非如此。网络的虚拟现实性和匿名性的特征刚好为这名学生提供了想象的空间。课题组老师们分析后认为对于这名学生首先需要解决的不是缓解其网络依赖的问题，而是要帮助他学会正视现实。

经过近一年的研究，我们发现，在家长的干预下，帮助学生形成对网络的正确的认知，增强学生对于过度使用网络的危害性的认识，引导学生发展相应的兴趣爱好，帮助学生制定合理的生活计划，培养学生的时间控制能力和计划执行能力，是有助于学生缓解对网络的依赖的。

四、专门学校学生网络依赖的成因分析，以及网络依赖缓解的策略与理论模型

1. 专门学校学生网络依赖的原因分析

学生沉迷网络有以下几方面的原因：青少年沉迷网络有网络本身的影响、学生个人的原因、家庭教育的失当以及社会方面的原因等。

网络为我们提供了便捷的信息查询工具，也为我们提供了全新的娱乐体验和交流方式。网络游戏对青少年学生颇具吸引力的特点，主要表现在以下几个方面。

一是游戏画面生动丰富，有吸引力。有的游戏模拟现实生活或展现个人英雄主义，符合青少年想要探索外部世界的愿望和争强好胜的心理。

二是游戏中设计的闯关情节与升级的模式，让学生在闯关成功后可以得到奖励，以及升级成功后带来的人物角色能力的增强，都会让学生感受到现实生活中难以获得的成就感，这些都对青少年玩游戏起到了即时强化的作用。这些因素都诱导青少年为了玩游戏而不断地投入大量的时间和金钱。在我们的研究中，部分学生在两年左右的时间里为了玩游戏竟花费了近 5 000 块钱。

网络也为我们提供了超越时空的交流方式。在网上我们可以和远在千里的人进行交流。网络的匿名性使我们可以在网络上隐藏自己的身份，一些青少年甚至可以根据自己的需要在网上“量身定制”自己的身份。并且，青少年可以根据自己的兴趣爱好在网上寻找感兴趣的聊天群。这些都是青少年对网络感兴趣的原因。

青少年个人方面的原因：学业成绩差，在现实生活中经常遭受各种挫败，而游戏中的闯关成功可以为青少年带来现实生活难以实现的成功体验；行为自控能力差，缺乏生活目标或兴趣单一，一些青少年缺乏明确的生活目标与学习目标，容易为各种电脑游戏所吸引；性格内向，沉默寡言，与家人沟通较少，缺乏同龄朋友，网络能够使其与人沟通的愿望得到满足。

家庭方面的原因：家长对电脑网络不熟悉，对过度上网给孩子健康成长带来的危害性缺乏认识；家长忙于工作，与孩子沟通较少，很少关心孩子的生活；一些家长为了孩子不影响自己的工作，甚至鼓励孩子去网吧玩；一些家长虽然对过度上网的危害有一定的认识，但因为担心“管得太严”，会引发孩子的逆反心理，况且认为孩子只是上上网，并没有与不良青少年接触而学坏，因而也就对孩子放任自流。

社会方面的原因：一些学生与不良青少年接触，因而受到不良影响；一些“黑网吧”无证经营，为了赚钱，不遵守国家的法律法规，允许青少年进入网吧。

2. 专门学校学生沉迷网络的演变过程

第一阶段，在同学、朋友或亲属的影响下初步接触网络。我们经过调查发现，在作为网络依赖缓解研究对象的 9 名学生中，有超过一半的学生第一次接触网络是在 11 岁之前。

第二阶段，开始迷恋网络阶段，随着青少年对电脑网络的了解越来越广泛，伴随着好奇心与探索心理的驱使，青少年花费在电脑网络上的时间越来越多。青少年会出现睡眠时间减少，与朋友或同学谈论大量的与网络有关的话题，消费能力提升，花费大量的钱购买游戏点卡，与家人、朋友的沟通减少等，对家长的教育开始出现逆反心理，严重的甚至会因为迷恋上网而旷课、逃学、逃夜并伴随有考试成绩明显下降等行为方面的问题。

第三阶段，对网络的兴趣开始出现衰退阶段。在此阶段，青少年开始思考自己究竟从网络中获得了什么。一些青少年在网络游戏中的人物角色已升到顶级，觉得也没有什么可以追求了；一些青少年因为过度上网，睡眠、学习以及与家人沟通的时间大为减少，身体健康受到严重损害，学习成绩直线下降，面对家长的指责和学校老师所给的压力，一些青少年开始对自身迷恋网络的行为进行反思。

第四阶段，上网时间的减少与回归正常的生活阶段。通过前一阶段的思考，一些青少年认识到过度上网给自己带来的弊远远大于利，于是开始自觉地减少上网的时间或迫于家长的压力而减少上网时间，同时生活开始回到正轨，正常的学习、休息的时间基本得到保证。

3. 网络依赖缓解的策略与理论模型

(1) 青少年网络依赖缓解的策略。为帮助青少年缓解对网络的依赖，学校、家庭和社会应携起手来，共同构建维护青少年身心健康的保护网络。

学校应对青少年加强网络使用安全方面的教育，帮助青少年对过度使用网络的危害有比较清晰、全面和深刻的了解，帮助青少年自觉树立有节制地上网的意识，同时，学校老师还应积极拓展学生其他方面的兴趣爱好，让学生学有所用、学有所得。

家长应在工作之余，努力增强与孩子的亲子沟通，了解孩子的思想动态并对孩子上网进行适当的监督。

社区应在经济状况许可的范围内，为青少年尽可能提供内容丰富、形式多样的学习资源和娱乐资源。比如在我们研究到的一个案例中，一个学生很喜欢打篮球，可是因为所在社区周围没有篮球场，于是他就只能待在家里上网，致使网络依赖的情形越来越严重。文化执法部门应加强对网吧的稽查，坚决取缔一些无证营业并无视青少年身心健康的黑网吧。

(2) 青少年网络依赖缓解的理论模型

在研究的过程中，我们也形成了网络依赖缓解的干预模型，见图 2。

从图 2 的干预模型可以看出，我们通过团体辅导，增强学生对于病理性互联网使用(PIU)危害性的认知，弱化了非适应性认知对 PIU 的促进作用；同时，通过与家长一起营造关心的、支持的环境，也为孩子缓解对网络的依赖提供了保护作用。而在家庭亲子关系链越强而家长的干预较多的条件配合下，PIU 的缓解更加容易，当学生处在迷恋网络阶段的后期并开始出现上网兴趣减退的时候，PIU 缓解也更为容易。

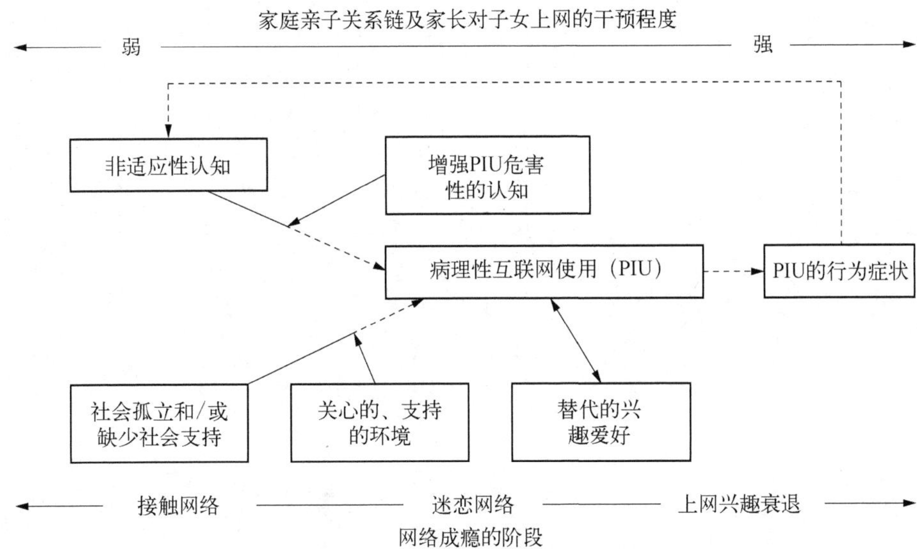

图 2　网络依赖缓解的干预模型

参考文献：

[1] Goldberg I. Internet addiction disorder. http://www.cog.brown.edu/brochure/people/duchon/humor/ internet.addiction.html，1995.

[2] Armstrong L. How to beat addiction to cyberspace.http://www.netaddiction.com/2001

[3] http://www.it.com.cn/news/hlw/cn/2008/11/24/09/438602.html.

[4] http://baike.baidu.com/view/1978935.htm

[5] Young K S. What makes on-line usage stimulating: potential explanations for pathological Internet use. The 105th Annual Convention of the American Psychological Association，Chicago，1997.

[6] 李宏利，雷雳，王争艳，张雷.互联网对人的心理影响.心理学动态，2001，9(4)：376－381.

[7] Davis R A. A cognitive-behavioral model of pathological Internet use (PIU).Computers in Human Behavior，2001，17(2)：187－195.

[8] Kraut R，Patterson M，Lundmark V，et al. Internet paradox：A social technology that reduces social involvement and psychological well-being? American Psychologist，1998，53(9)：1017－1031.

[9] Young K S，Rodgers R. The relationship between depression using the BDI and pathological Internet use. The 105th Annual Convention of the American Psychological Association，Chicago，1997.

[10] Grohol J. Internet addiction guide. http://psychcentral.com/net addiction/，1999.

[11] 魏文风，崔亮. 产生网络依赖青少年群体心理特征及其应对策略研究. 教育理论研究. 2004.12.

第三部分 融合贯通：社会优质教育资源的挖掘与利用

“寻宝·嘉定”活动

——基于嘉定乡土文化资源的校外主题教育活动设计

孙锦屏

上海市嘉定区青少年活动中心

乡土文化是中华优秀传统文化的重要组成部分,也是开展青少年素质教育活动的知识宝库。上海市嘉定区历史悠久、文化底蕴丰厚,如何挖掘其中具有地方特色的优秀传统文化资源,发挥校外教育的优势,设计系列融入嘉定乡土文化的校外主题教育活动,引导嘉定青少年寻找家乡的人文历史、乡土文化,培养探究精神和崇尚知识、传承文明、热爱家乡的情感,是本课题研究的价值所在。

一、研究背景

(一)嘉定乡土资源文脉流长

嘉定的乡土文化资源十分丰富,自南宋嘉定十年(1217 年)建县以来,已有 800 年的历史。始创“教化嘉定”之风,使嘉定人才辈出,文脉绵长。“吴中第一”嘉定孔庙,崇儒重教,启迪民众智慧。嘉定乡土文化具有显著特色,如以法华塔、秋霞圃、州桥为代表的江南建筑文化,以州桥老街和 34 家博物馆、民间艺术馆等为代表的江南民风民俗文化,以嘉定竹刻和黄草编织为代表的非遗文化,以陆俨少艺术院和韩天衡美术馆为代表的传统艺术文化,以南翔小笼为代表的饮食文化,以嘉定孔庙为代表的儒家文化、吴侬软语方言文化,以马陆葡萄和华亭大蒜为代表的地域特产文化等等。这些作为嘉定文化的重要组成,体现了地域性和多元化的特点。优秀的乡土文化是中华民族繁衍发展的积淀,嘉定乡土文化是前人留给嘉定的宝贵财富,推广优秀乡土文化是对地方文化的弘扬和提升,而文化的传承要通过教育实现代代相传。

(二)校外是青少年素质教育的重要阵地

校外教育是青少年成长中重要的一种实践和学习的模式,校外教育活动将德育渗透于教育活动的全过程,使青少年在活动中得到素质的全面锻炼。嘉定校外教育利用平台优势可以让优秀的乡土文化走近嘉定青少年,消除教育与生活、学校与社会、知识与实践之间的隔阂与对立。根据《中共中央国务院关于进一步加强和改进未成年人思想道德建设的若干意见》(中发〔2004〕8 号文)和《关于进一步加强和改进未成年人校外活动场所建设和管理工作的意见》(中办发〔2006〕4 号文),国家将校外教育在青少年的成长和发展中的作用提到了十分重要的位置,提出在面向学校、面向教师、面向全体学生的校外教育衔接中,校外教育应承担指导学校培训教师、丰富学生课余生活的工作，积极探索学校和校外教育衔接的实践内容。《完善中华优秀传统文化教育指导纲要》要求，各级党委教育工作部门和教育行政部门要把加强对青少年学生中华优秀传统文化教育作为一项战略任务，与宣传、文化、新闻出版广电等部门以及工会、共青团、妇联等群团组织密切配合，建立健全党委统一领导、党政群齐抓共管、有关部门各负其责、全社会共同参与的工作机制，形成中华优秀传统文化教育合力。完善中华优秀传统文化教育的评价和督导机制，加强中华优秀传统文化教育教学研究，为完善中华优秀传统文化教育提供坚强保证和良好条件。

（三）品牌建设是校外特色教育的基石

嘉定区青少年活动中心是综合性校外教育机构，负责对全区的德育、艺术教育、科技教育及大型阵地活动进行统筹、指导、示范和服务。嘉定青少年活动中心校外主题教育活动"成长进行时"自 2006 年建设成长，至今在市、区级层面都具有广泛的影响力，已经形成具有嘉定特色的品牌效应。品牌广播栏目"成长进行时"每天中午 12 点在嘉定人民广播电台 FM100.3 播出；品牌活动"成长进行时，今天我来秀"每年为全区少年儿童搭建展示才艺的平台；"成长俱乐部"每学期组织多场丰富的公益活动专场；"成长进行时，红领巾社团"选拔培养优秀学生队员。但众多活动中体现出嘉定学生对家乡文化知识了解不足，而学生们对家乡文化的学习又充满期望。调查发现，校外主题教育活动中以嘉定乡土文化为主题的活动极少，没有系统的嘉定乡土文化教育教材及参考。因此，探究嘉定乡土文化教育策略，整理校内、外优秀活动项目，进行校外主题教育活动实践和研究，进行"成长进行时"主题教育活动——"寻宝·嘉定"子品牌建设有其独有的价值。

二、嘉定优秀传统资源调查研究

嘉定被国家建设部认定为"中国历史文化名镇"，境内名胜古迹众多，历史文化内涵极为丰富，现有上海市级文保单位 3 处，区级文保单位 24 处，博物馆和民俗展馆 32 家。16 处优秀历史建筑，现存 12 座古石桥（志书记载有 66 座）。有历史文化风貌区——州桥、西门老街，嘉定孔庙是著名的教化圣地。嘉定名人辈出，有清代文人钱大昕、近代外交家顾维钧、实业家胡厥文、吴蕴初等 25 位在国内、国际有影响力的人士。嘉定有"竹刻之乡"的称号，民俗文化丰厚，现有国家、市级、区级非遗项目 23 项。每年的民俗活动也是热闹非凡，各类活动展示人文嘉定的魅力，人们从中品味儒家文化、科举文化和民俗文化之精髓。

课题组整理归纳了嘉定乡土文化资源的 8 大类别，每个类别筛选具体资源项目，对每个资源项目中所包含的知识内容进行分析，并结合活动项目包含的知识内容和可以应用的知识技能进行校外主题教育活动应用设计（见表 1）。

三、"寻宝·嘉定"校外主题教育活动课程框架

通过对乡土文化资源梳理和分析，对可用于校外教育活动的乡土资源进行归类，初步形成寻宝→识宝→传宝三个循序渐进的课程类别。其中寻宝属于基础知识探究课，寻宝课将一个资源项目类设置为一个单元，每个单元设置了寻历史→寻文化→寻技艺的学习内容。识宝课是自主探究课，在寻宝

表1　嘉定区优秀传统资源项目表

项目类别		具体内容	应用
建筑文化	汇龙潭	汇龙潭格局、湖心亭、百鸟朝凤阁等	探究汇龙潭历史及建筑特色、百鸟朝凤阁建筑特色和功能
	古漪园	园林布局，逸野堂、戏鹅池、缺角亭等	探究古猗园的江南园林特色、缺角亭历史意义
	法华塔	法华塔历史、特点、地宫发现等	探究法华塔建筑特色、功能和变迁、探寻地宫宝物
	登龙桥	古桥历史、地理位置、建筑特点	探究嘉定古桥的历史、名称、保存现状、典型古桥的建筑特点
	学殿街	建筑特色、牌匾及文字的含义	探究牌坊的作用及文字的意义，了解学殿街的来历和历史功能
非遗文化	徐行草编（国家非遗）	草编作品、黄草种植、草编传人等	学习欣赏草编艺术品、学习草编技法、寻访传承人、探究传承方法
	嘉定竹刻（国家非遗）	竹刻历史、竹刻艺术品、竹刻传人等	探究嘉定竹刻特点、欣赏竹刻作品、学习竹刻技法
	南翔小笼馒头（国家非遗）	历史、美食、工艺等	学习制作工艺、寻访发展变迁历程
传统技艺	安亭的药斑布织染工艺	织染作品、织染工艺等	学习织染技法
	嘉定盆景	盆景作品等	学习盆树栽培方法、探究嘉定盆景特点
	南翔小笼馒头制作工艺	美食、工艺等	了解美食地位、探究学习制作工艺
物产文化	马陆葡萄	葡萄节、葡萄研究等	探究葡萄品种和口感、探究酿酒方法
	白蚕豆	蚕豆食品等	探究白蚕豆的特点、白蚕豆食品种类
	白蒜	种植、环境等	探究嘉定白蒜的种植历史、白蒜经济效益、食用价值
民风民俗文化	传统赛龙舟	龙舟比赛	探究嘉定龙舟的形态、龙舟赛的赛会竞技特点
	小青龙舞龙会	舞龙会	探究小青龙舞龙会的时间、地点、特色
	嘉定博物馆	嘉定起源、历史变迁、名人轶事、民风风俗等	探究嘉定历史变迁、古嘉定城市格局、名人故事、民风民俗
方言文化	吴语	吴语语系、发音特点、方言童谣	嘉定方言广播节目、方言小品表演、方言故事大赛

（续表）

项目类别		具体内容	应用
名人文化	顾维钧	外交家	历史贡献、个人风采
	陆俨少	画家	绘画风格、作品欣赏、学习传统绘画技艺
儒家文化	嘉定孔庙	公学设置、科举考场、建筑风格	探究建筑风格、公学学生日常、科举考场布局
	科举制度	科举历史	探究科举制度，科举考试内容
	儒学	儒家礼仪知识、儒学知识等	礼仪小品创作、学习儒学知识

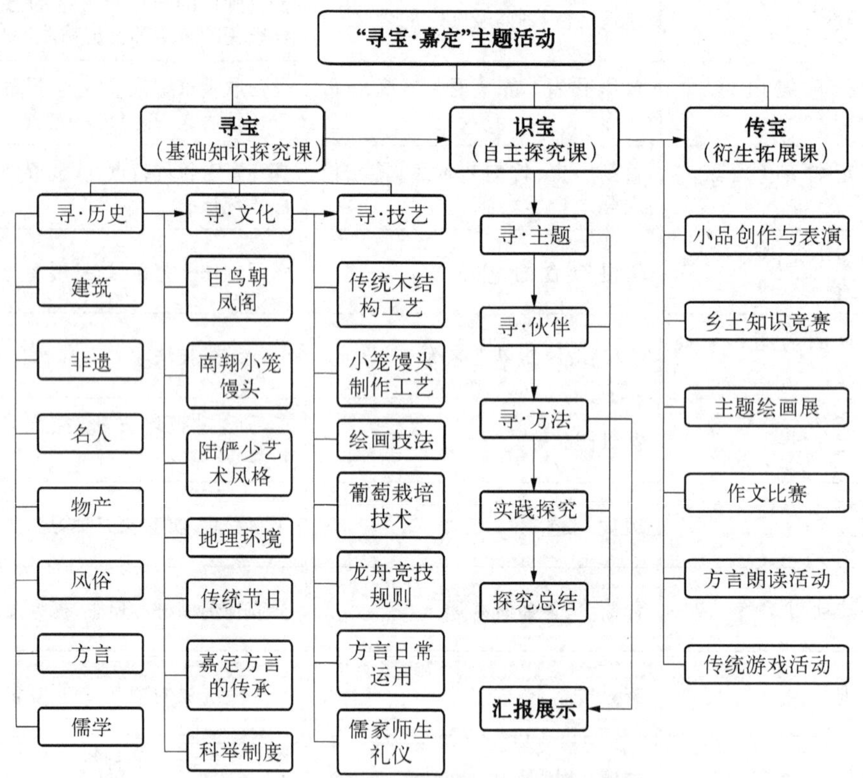

图1 "寻宝·嘉定"校外主题教育活动课程框架

课的基础上开展的自主深入探究学习活动，识宝课有时也可以不作为单独的课类，放在某个寻宝单元课后面开展，使学生通过自主探究，更深入地进行单元乡土文化知识学习，识宝课学生通过寻主题→寻伙伴→寻方法→探究实践→探究总结→最后完成探究汇报展示。传宝课属于衍生拓展课，是在掌握了一定的乡土文化知识技能的基础上开展的创作、竞赛、展示等活动，也是对"寻宝·嘉定"主题教育活动的成果表现。图1为"寻宝·嘉定"校外主题教育活动课程框架。

四、典型案例介绍

校外主题教育活动利用红领巾社团课、主题阵地活动、夏令营、冬令营、学校校外活动课、各类竞赛比赛等形式开展。2017 年暑假根据“寻宝·嘉定”校外主题教育系列活动课的课程设计和红领巾红读动漫社团的活动计划，开展了校外“寻宝·南翔小笼”主题探究活动。

（一）活动缘起

南翔小笼馒头，作为嘉定的国家级小吃类非遗项目，是嘉定的骄傲。本案例是针对校外红领巾社团 3～5 年级学生设计。据了解，社团学生们都去过小笼馒头的发源地南翔，去吃过正宗的小笼馒头，都觉得好吃，但大多数学生不知道南翔小笼馒头的历史，不了解南翔小笼馒头的制作特色和工艺特点，也不知道南翔小笼在美食界的地位。为了引导这些嘉定的孩子了解家乡历史，关注家乡变化，我们确立了“寻宝·南翔小笼”主题探究活动。活动根据社团学生的生活和已有的经验，利用身边的资源，引导学生从嘉定历史、嘉定饮食文化、南翔小笼的变迁等方面进行网络调查；带领学生到南翔小笼体验馆进行技艺实践体验活动；分小组进行探究主题研究和汇报展示。活动从激发学生对家乡文化传承的责任意识出发，初步养成关心家乡，热爱生活的情感，形成乐于与人合作，善于与人交流的合作态度和精神，从而培养学生树立正确的人生观和价值观。

（二）活动目标

通过主题探究活动开展调查，资料收集，实践体验、寻访探究、整理制作，交流评价反思等学习活动，感受嘉定非遗文化的魅力，激发学生对家乡文化的认同感和自豪感。并在探究学习过程中获得对社会，对自我以及对文化的认识，获得积极的体验和经验；通过自主合作学习，初步掌握调查研究法学会运用资源获取资料。通过亲自动手学习传统小笼制作技艺，了解小笼包的制作过程，初步掌握小笼包的制作方法；初步具备收集，整理，分析和运用信息的能力，同伴合作完成目标任务，学会动脑，动手；以亲身体验，学会交流，学会感受。

（三）活动阶段安排

活动安排三个阶段，共 12 课时。

第一阶段　准备阶段——寻历史（3 课时）

通过网络查阅，初步收集南翔小笼相关资料，讨论可探究的方向，分小组设计探究目标。确定探究步骤，完成课题探究方案表，根据小组讨论的结果，做好探究前的分工，完成调查记录表，培养分工合作的探究理念。

第二阶段　探究阶段——寻技艺（6 课时）

在做好探究准备后，带着探究的问题走进小笼体验馆，完成探究任务，培养提问、记录、临场应变、动手实践的能力。

第三阶段　总结展示阶段（3 课时）

探究后根据设定进行整理，抓住信息重点进行有效归纳，了解南翔小笼的过去、现在，了解南翔小笼的制作工艺，开启南翔小笼食用技巧，并以小组为单位进行成果展示，从而促进组间、组内成员交流水平的提升。

（四）各阶段教学过程设计

第一阶段　准备阶段——寻历史（3 课时）

活动教学过程如表 2 所示。第 1，第 2 课时确定探究方向，第 3 课时制定探究方案。这个阶段主要帮助学生理解研究“南翔小笼”的意义，明确探究的目的、方法、程序，进行分组，并进行小组成员分工，制定《探究方案》(见表3)；选择探究方向，分析探究条件，确定探究内容；学会合作交流，拥有积极探究态度，展现创造才能。

表2 “寻宝·南翔小笼”主题探究活动准备阶段教学过程

<table>
<tr><th>课时</th><th>教学环节</th><th>教 师 活 动</th><th>学 生 活 动</th><th>设 计 意 图</th></tr>
<tr><td rowspan="3">第1，第2课时</td><td>导入</td><td>展示学生作文片段(描写吃小笼馒头的感受)
最近在哪吃过，好吃吗</td><td>学生回忆自己吃小笼馒头的情景</td><td>利用文字描写，通过学生朗读，引出本节课课题，激发学生学习兴趣</td></tr>
<tr><td>探究方向</td><td>看古猗园历史照片
讲述小笼馒头历史变迁
看小笼馒头照片
讲述小笼馒头外形特点、口味、制作等</td><td>分组并讨论
初步确定探究方向
明确探究目的</td><td>让学生选择自己喜欢的话题，有探究的兴趣；让学生初步了解小笼历史、工艺特点；让学生了解探究的途径，为更好的设计探究问题创造条件</td></tr>
<tr><td>探究方法</td><td>网络查阅：百科、新闻、贴吧等
访谈：父母、长辈、老师等</td><td>小组讨论
发言交流
相互质疑、互补</td><td>学生在讨论交流中找到适合的方法</td></tr>
<tr><td rowspan="3">第3课时</td><td>探究方案</td><td>指导学生填写“探究方案”表；具体包括：探究方法、人员分工、探究步骤、所需时间、预计成果、呈现形式</td><td>小组讨论并填写“寻宝·南翔小笼”探究方案表</td><td>提高小组分工合作能力</td></tr>
<tr><td>总结</td><td colspan="3">交流学习收获，并进行小组评价</td></tr>
<tr><td>作业布置</td><td colspan="3">课下和组员进一步完善本组“寻宝·南翔小笼”探究方案表，制作“寻宝·南翔小笼”探究学习单(见表4)</td></tr>
</table>

表3 “寻宝·南翔小笼”探究方案表

<table>
<tr><td>寻宝主题</td><td colspan="4"></td></tr>
<tr><td>组　名</td><td colspan="2"></td><td>时　间</td><td></td></tr>
<tr><td>组　长</td><td></td><td>组　员</td><td colspan="2"></td></tr>
<tr><td>寻宝方法</td><td colspan="2"></td><td>寻宝目的</td><td></td></tr>
<tr><td>人员分工</td><td colspan="2"></td><td>寻宝准备</td><td></td></tr>
<tr><td>寻宝内容设计</td><td colspan="4"></td></tr>
</table>

表 4　“寻宝·南翔小笼”探究学习单

<table>
<tr><td>寻宝主题</td><td colspan="6">例：</td></tr>
<tr><td>组　名</td><td></td><td>组　长</td><td></td><td>时　间</td><td colspan="2"></td></tr>
<tr><td>寻宝方式</td><td colspan="6">电话(　　)、书信(　　)、面谈(　　)、网络(　　)、实践(√)、其他(　　)</td></tr>
<tr><td rowspan="5">人员分工</td><td colspan="6">策划：姓名(确定研究方向和内容)</td></tr>
<tr><td colspan="6">实施：姓名(实践体验)</td></tr>
<tr><td colspan="6">记录：姓名(记录制作过程)</td></tr>
<tr><td colspan="6">摄录：姓名(进行音频和照片整理)</td></tr>
<tr><td colspan="6">交流汇报：姓名(PPT 制作)</td></tr>
<tr><td>寻宝路径</td><td colspan="6"></td></tr>
<tr><td>寻宝内容</td><td colspan="6">例：</td></tr>
<tr><td>交流展示说明</td><td colspan="6"></td></tr>
<tr><td>小组自我评价</td><td colspan="2"></td><td colspan="2">教师评价</td><td colspan="2"></td></tr>
</table>

第二阶段　实践探究阶段——寻技艺(6 课时)

活动教学过程如表 5 所示。这个阶段帮助学生从理论认知上升到实践体验阶段，通过实践进一步完成探究任务。近距离的接触南翔小笼的制作工艺，更直观的体味家乡非遗文化的魅力，激发热爱家乡之情。

第三阶段　总结展示结果(3 课时)

活动教学过程如表 7 所示。总结展示阶段的第 1 课时分析探究记录，撰写探究报告，第 2，第 3 课时进行成果展示。按小组梳理记录，完成报告分析；小组代表进行交流展示汇报；进行探究过程反思、经验交流与评价。学生合作精神、表达能力得到充分锻炼，养成聆听的好习惯，在分享探究成果的同时，感受家乡非遗文化魅力。

表 5　“寻宝·南翔小笼”主题探究活动实践探究阶段教学过程

<table>
<tr><td>教学环节</td><td>教 师 活 动</td><td>学 生 活 动</td><td>设 计 意 图</td></tr>
<tr><td>开展实践活动</td><td>组织学生按计划进行实践活动</td><td>到达时间地点，进行实践；做好实践记录；品尝实践成果</td><td>学生亲自动手实践，体验动手的快乐</td></tr>
<tr><td>实践后交流</td><td>组织学生自行交流，总结制作过程；邀请指导制作师傅回答学生的提问；组织学生进行自主评价</td><td>交流实践过程、经验得失；思考自己的收获；小组成员自评，填写“探究活动评价表”(表 6)</td><td>对于这次有意义的活动进行回顾；通过回顾，自我评价在实践活动中的表现</td></tr>
<tr><td>作　业</td><td colspan="3">每位同学课后完成《小笼包制作之收获》小作文 300 字</td></tr>
</table>

表6 “寻宝·南翔小笼”实践学习评价表

小组		姓名		分工任务			
评价内容	优	良		需努力	自评	互评	师评
实践过程	能积极参与实践和合作,能顺利完成实践任务,全面了解制作过程	能参与实践和合作工作,能基本完成实践任务,知晓制作过程		未积极参加活动,未对任务起到贡献作用,对制作过程不熟悉			
实践结果	保质保量完成小组分配任务,独立制作小笼包	完成小组分配任务完成,能制作小笼包		分工任务内容不充分,在师傅的帮助下完成小笼包的制作			

表7 “寻宝·南翔小笼”主题探究活动总结展示阶段教学过程

课时	教学环节	教师活动	学生活动	设计意图
第1课时	导入	播放南翔小学《南翔小笼馒头》视频;视频中南翔小学的同学是如何进行探究学习和展示的	观看并回答	利用探究实例,进行探究分析,为接下来的展示做准备
	整理	指导学生对探究信息进行分析;组织学生交流整理、分析过程	小组内认真阅读寻宝资料和探究记录,整理探究过程和相关知识;分析、讨论结合小组实际进行分析总结	结合自己小组的探究板块内容进行归纳、总结
	撰写报告	组织学生撰写探究报告	讨论报告提纲,撰写报告;制作PPT	学会合作,共同完成
第2,第3课时	导入	活动照片展示	观看并回忆	用学生亲历的照片激发兴趣,导入环节
	展示交流	组织学生交流	代表交流《探究收获》;小组分工负责人交流任务完成情况;探究报告或PPT	交流探究体验,展示嘉定文化魅力
	评价	组织学生进行评价	完成《探究活动学习评价表》(见表8);评选优秀小组	将优秀小组的探究成果在班内和学期末汇报中展示,激发学生的成就感

表 8　“寻宝·南翔小笼”探究活动学习评价表

小　组		姓　名				
评价内容	优	良	需努力	自评	互评	师评
活动小结和探究报告	对活动进行完整、清晰的归纳分析，知识准确，观点清晰，论述详实恰当	对活动内容践行了基本归纳，知识正确，观点较为清晰，论述得体	对活动内容进行了一般性处理，观点不够清晰，论述不够详实恰当			
交流过程	交流方式恰当，语言表达丰富有感染力，效果很好	交流方式基本恰当，语言基本流畅，效果较好	交流方式有待改进，语言不够清晰，效果一般			

五、“寻宝·嘉定”校外主题教育活动课程的特点

（一）创新校外活动的内容与形式

校外教育由于不受学科和教学形式的限制，教师可以根据活动对象、内容、目标等进行灵活设计，针对主题活动采用实验、操作、制作、参观、访问、表演、竞赛、夏令营、冬令营等多种形式开展活动。“寻宝·嘉定”主题教育活动正是基于校外教育的优势，通过“寻宝”的形式进行校外特色品牌开发与设计，通过“寻宝”系列活动，引导学生学习乡土文化知识，进行素质教育。

（二）整合和利用社会教育资源

校外教育机构是利用社会教育资源开展各类学生实践活动的主体，它具有开发、协调、沟通社会教育资源的中介协调服务机制，一方面把社会上的各种教育资源引入活动，另一方面引导学生走进社会大课堂，为广大青少年学生提供经过开发和再加工的社会优质教育资源。

（三）地方乡土文化资源是发展校外特色教育的最佳选择

“寻宝·嘉定”主题教育活动是带领嘉定学子保护和发展传统文化的寻根之旅，振兴中华文化需要为传统文化的弘扬创造良好的环境，创建完善的乡土文化教育活动系列，实施于教育活动中，形成嘉定校外教育特有的教育模式和不可取代的教育地位。

六、反思

(1)“寻宝·嘉定”主题教育活动中把教师设计为引导者，有时为学生制定主题，引导学生探究；有时引导学生自己寻找主题，指导探究。教师也是观察者，观察探究活动中学生的表现，在学生遇到问题时给予帮助，在学生成功解决问题是及时肯定。

(2)“寻宝·嘉定”主题教育活动设计中学生始终是活动的主体，学生自己去发现、思考、议论、实践，在活动中掌握学习方法，在自由的环境、有趣的活动中锻炼了能力。通过吸引、激发、提高、促进等延续了学生的学习兴趣，在活动中感受到了快乐。走近历史、进入社会、接触自然，学生在活动发现自我，成绩和成功带来自信心和成就感。

(3)“寻宝·嘉定”主题教育活动帮助学生根据自主发展的需要，进行自我服务、自我管理、自我教育模式探索，创设开放式

的课堂活动。尊重学生的独立性和创造性，为他们提供一个充分展示自我并完善自我的舞台。

参考文献：

[1] 徐海波.适应时代发展的上海校外教育体系研究[R].中国教育学会少年儿童校外教育专业委员会编，2010.
[2] 高德毅.舞动成长的翅膀——上海市中小学课外活动实施指南[M].上海教育出版社，2014.
[3] 俞慧，陶继明.空中的足音——可以听到的嘉定历史[M].上海远东出版社，2013.

语文综合学习中利用场馆资源培育学生科学精神的实践研究

董颖瑾
上海市市光学校

学生发展核心素养是指学生应具备的、能够适应终身发展和社会发展需要的必备品格和关键能力。它包含了科学精神在内的九大素养。核心素养是新课标的来源，也是确保课程改革万变不离其宗的“DNA”。因此，在语文学科中加强对学生科学精神的培育正是新课程所赋予的光荣使命。

一、研究的意义与价值

（一）语文综合学习中的科学精神培育

1. 语文学科与科学精神培育的关系

新课程呼唤学科能立体、全方位育人，也就是强调学科教育除了教授学科知识外，要彰显对学生道德培育的功能和价值。语文学科“文以载道”的特质决定了学科德育的功能。而在学科中培育学生的科学精神正是语文学科德育的重要内容和价值之一。

当然，语文学科对于学生科学精神的培育与自然科学课有区别。语文学科更多的是在教学过程中培育学生崇尚真知、理性思维和勇于探究的态度和价值观。

2. 语文综合学习中运用场馆资源进行科学精神的培育

(1) 落实新课程理念，开拓语文综合学习渠道，丰富学生学习经历。语文综合学习是上海市二期课改教材中与单元主题配合的语文实践活动，往往是在真实的或接近于真实的情境中展开的、整合了两种或两种以上语文要素(听说读写)的言语实践活动，目前还没有指导性的教学范式。

博物馆、科技馆、科技艺术中心等场馆设施往往提供了真实的情境和教育素材，对学校学科教材是一种资源上的有益补充。积极利用场馆资源进行语文综合学习的课程开发，丰富学生实践体验和经历，学生的体验和收获将远大于在教室中仅仅以教材和媒体为教学内容的学习方式。

(2) 改革教学过程，促进学生学习方式的改善。学科教学与场馆教育结合，为学生提供多样化的学习环境和多种学习经历，使学生由单一的接受性学习方式，转变为接受性、体验性、研究性相结合的方式，让综合学习“做中学”的思想落地。正如杜威所说，在学校里，学生思维训练失败的最大原因，也许在于不能保证像在校外实际生活那样，有可以引起思维的经验的情境。情境设计可以实现知识世界和生活世界的连接，还可以让学生做到知、情、意的合一。

既然这样的校内外教育结合效果明显，那么目前是什么原因使得场馆资源难以进入语文教学中呢？一个重要原因在于区域学科绿色指标在考察6～8年级时，对此板块不做检测，因而教师在语文综合学习板块教学时的课程建构意识不够，课程设计上还缺乏挖掘教材内涵和资源的主动性。

教学的根本就是让学生获得更多的体验和经历，因此，本课题的实践在某种程度上是用学生的丰富获得唤起更多同行在这方面的研究和实践的意识。

二、研究概述

（一）概念界定

1. 语文综合学习

郑国民教授说，语文综合学习是一种立足于语文课程基础之上，通过学生自主地开展语文实践活动以促进其语言素养的整体推进和协调发展的学习方式。

《义务教育语文课程标准(2011年版)》对语文学科的性质做出了界定："语文课程是一门学习语言文字运用的综合性、实践性课程。"这一界定突出了"实践、运用、综合"三个关键词，而这些正是语文综合学习显著的特点以及要着力完成的任务。

2. 场馆资源

场馆资源，是指具有专业交流、展示、宣传、教育等功能的科学、艺术、体育等专门性的场馆设施。

本课题所要研究的是挖掘学科教材内涵，寻找并梳理语文综合学习板块与场馆教育的融合点，以相关场馆为教育载体和途径，师生共同创生相关学习模式和个性化课程，积极尝试在语文综合学习中培育学生的科学精神，为学生终身发展奠基。

按照课程阶段要求，对于六年级的学生，更多的是激发学生热爱科学、乐于想象，勇于探索的兴趣以及培养学生实事求是，勇于实践，遵照科学规律办事的科学精神和科学态度。

（二）研究内容与过程

我们以六年级第一学期第四单元《科幻天地》和第二学期第五单元《生活中的科学》为具体实践对象，旨在于先从"科学探索"这同一类主题的综合活动着手，便于在学习中引入同一类场馆，从而串联起整个学年的持续性探究。

1. 准备阶段

(1) 完成课程框架设计。思考和初步制定相关语文综合学习与场馆教育结合的教育目标和内容。

(2) 完成资源配置。联系场馆，建立合作意向；与校方沟通，得到相关部门和家长的支持。

2. 初步研究阶段

设计课程内容和方案。以六年级第一学期第四单元综合学习板块为试验点，挖掘和梳理相关可利用资源，建立初步的学习单，研究和探索综合学习课程中引入校外教育场馆的运行模式。

3. 深入研究和总结阶段

对学生和合作的校外教育场馆进行调研，总结经验和教训，调整实践课程设计内容和细节，针对第二学期科学精神单元的综合学习推进实践，并撰写研究报告。

三、研究主要成果

（一）梳理形成语文综合学习与场馆情境教育结合的教育目标和内容

我们首先深入学习《语文课程标准》，研读教材并梳理六年级两个学期"科技探索"单元目标以及两个单元的语文综合学习内容，找到综合学习与场馆教育资源的结合点，设计好相关活动，为后续课程做好准备。

1. 以第一学期第四单元语文综合学习为实践对象，尝试设计相关活动

第一学期第四单元主题是“科幻天地”，它由三篇课文和语文综合学习组成。这三篇课文分别是科幻小说《童话般的太空城》《海底奇光》和《门外有敲门声》，语文综合学习的主题是《当个小小未来学家》。这个单元的课文形成了较集中的单元目标，那就是：激发学生的想象力和合乎逻辑的预测能力；培养学生热爱科学，对科学探索的精神，掌握一般的科普常识；理解科学技术要为人类发展服务的观点。结合以上梳理，笔者在语文综合学习“当个小小未来学家”设计中，围绕单元目标做了以下的思考（见表 1）。

教师在实施综合学习板块时将课程设计与单元目标和课文所学学科要求紧密结合，借助活动载体实施丰富的语文教学。综合学习由多个活动项目组成，每一个活动项目都有它的学科功能。活动 1 和活动 2 可选择其一。活动 3 作为必选活动，让学生在活动 1 或活动 2 的基础上依据一定的科学知识，发挥想象写一写或画一画百年后的衣食住行，这个活动则是让学生将自己的创想通过说明文性或描述性文字写下来。

2. 加深对教材的认识，进一步规划好第二学期第五单元的语文综合学习的活动

六年级第二学期第五单元主题是“生活中的科学”。本单元选取 4 篇课文，意在表明如果用科学的眼光审视生活，我们会发现科学其实就在身边。其中《中国石拱桥》一文介绍了中国石拱桥艺术与科学的巧妙结合；《花儿为什么这么红》一文以花朵万紫千红这一自然现象为重点，从不同角度介绍了花色的成因；《统筹方法》介绍生产生活中的科学方法，即如何提高时间效率；《一百个问号之后》阐述探索以及坚持科学精神对科学发展研究的重要性。文章教学中强调懂得发问的重要意义，培养学生的问题意识。在综合学习中教材主要是让学生探寻生活中的问题并试图解决，然后把这个过程写下来。

此单元教材是第一学期“科幻天地”的后续衔接单元，在上述的分析中不难发现课文从上学期富有想象的科幻小说转变成了严谨科学的说明文，单元目标是培养学生的

表 1　综合学习《当个小小未来学家》活动设计

配套活动	场馆资源	结合点
活动 1：冲浪了解衣食住行某一方面的科学知识； 活动 2：实地走访“院士风采馆”，较直观地了解我国现代科技在衣食住行方面的应用和发展，领略衣食住行方面的成就，激发兴趣、敢于创想百年后的变化（活动 1 和活动 2 可二选一）； 活动 3：发挥想象，写一写或画一画百年后的衣食住行； 活动 4：班级课堂交流创想作品；	院士风采馆：馆内展示了衣食住行方面的科学成就，有实物模型、相关图片以及知识介绍	活动 2 是进入场馆的情境，一些模型和实样能让学生具体了解衣食住行方面的科学成就，培养学生热爱科学的热情，掌握一定科普常识，同时激发学生敢于创想的兴趣，培育他们的想象力。理解科学技术要为人类发展服务的观点

表 2 综合学习《生活中处处有科学》活动设计

配套活动设计	场馆资源	结合点
1. 请你利用网络、书本以及场馆等资源，研究探寻一座上海较有特色的桥梁，并把研究过程和结果写下来； 2. 回忆生活中遇到的困惑，试着利用手边资源去找到答案，并写下来； 3. 学了单元课文，你对自己的日程改进有什么想说的，请你写一写，并说说这样改进的收获； 4. 选择以上三个活动的一个加以探究，优秀的文章做展示交流	院士风采馆： 生动展示上海的衣食住行成就，特别是桥梁模型很生动，并且有说明。还有其他方面的展品，非常直观	场馆资源中有很多生动的展品，比如上海著名桥梁，比如先进的化学品、机械装置等，真实的情境可以激发学生的问题意识和探索欲，为他们找到科学答案做很好铺垫

科学精神和科学态度。可以说上下两个单元在精神内核上是一致的，但在对学生的问题意识培育和科学探索的要求方面更深入了。

基于这样的认识，教师在《生活中处处有科学》做了如下的一些选择和引导性的活动项目的设计(见表 2)。

以上的活动设计都与单元课文内容有实质性关联，且引导学生拓展视野，关注乡土文化或自身生活，或是让学生运用课文所学科学道理去解决生活实际。而场馆资源依旧选择院士风采馆，引领学生在区域的场馆中进行系列深入地学习。

(二) 语文综合学习课程中相关活动开发策略

1. 与单元目标的一致性

教师在研究教材内容和内涵的基础上，梳理了科学主题的两个单元内容和教学目标，并在设计单元的综合学习内容、目标时尽可能与单元课文内容、目标勾连和契合。

2. 活动的选择性

在综合学习课程中，教师设计若干选择性活动以及必选活动，有搜集资料、有展开实地调查、也有语文写作和交流等。这些活动的设计充分体现了综合学习的主题要求和目标，既丰富又有选择；既体现学生的主体性又体现教师的主导性；既突出学科的功能，又突出课程的育人价值。

3. 活动资源的丰富性和适切性

在上述活动中，场馆资源的利用仅是综合学习课程的活动项目的配套资源之一。无论是要求学生畅想百年后的衣食住行还是后阶段让学生调研上海的一座桥，我们都是从活动本身出发，找到与研究主题较契合的资源之一是“院士风采馆”。因为院士风采馆中正好具象地展示了我国在这些方面的伟大成就和现实成果，与两个单元的研究学习结合较为紧密，所以将此场馆资源纳入活动资源中。

(三) 语文综合学习的学习模式

语文综合学习初步建立以下了学习模式：

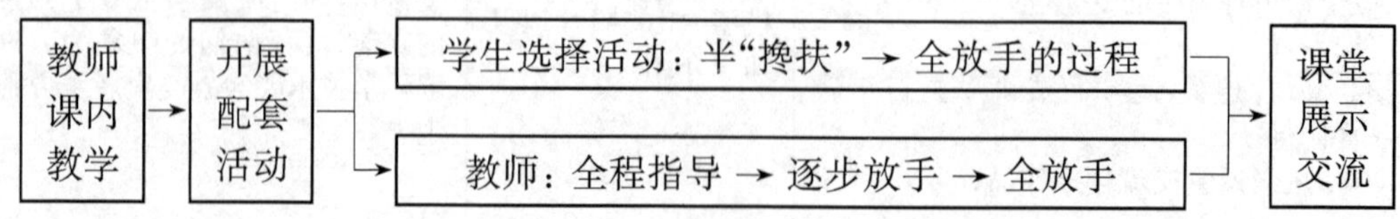

本文以《小小未来学家》为例，具体说明模式各阶段的实施特点。

1. 教师课内教学

教师课内教学，明确学习主题和相关活动，为语文综合学习做好知识和活动铺垫。

教师课堂教学，导入课题后，介绍未来学家的概念，让学生明确学习主题的意思，更明白这个综合学习活动目的。比如在活动进行前，教师在课堂内对活动主题“未来学家”做了具体的介绍。然后，介绍本次语文综合学习设计的相关活动。

让学生作记录然后对其中选择活动项目1、2做选择。

教师对相关几个活动的要求和注意处加以说明。

2. 配套活动

开展配套活动：以学习单为载体，实现学生学习的自主和教学的逐步放手。

在学生对自选活动做好选择后，教师对走访“院士风采馆”活动学生的进一步指导。去场馆活动前统计好参与人数，对学生做好安全和参观规则教育，联系好场馆部门，再带学生进入场馆参观学习。

为了使学生进入场馆前后有目的地进行学习准备并提高学习有效性，教师还依照活动目的设计主题学习单。比如，在第一学期的场馆学习中我们学生就用了这样的学习单(见表3)。

由表3我们可以看到，这样的设计多考虑的是学生在限定性中的自我选择。虽然是行走同一个场馆，进行同一个活动，但在过程中还是尽可能尊重学生的个性选择和爱好。这样的学习单虽然简单，但为学生的自我学习做了一定的引导。同时避免学生进入场馆后茫然无措，或是打闹嬉戏浪费时间。另外，学习单还以问题形式激趣探疑，激发学生的关注点，引导学生在过程中探索释疑。

当学生在选择性活动项目结束之后，他们将按照综合学习单元的活动要求，继续后续的学习任务。比如，《当个小小未来学家》活动中学生在场馆学习结束之后，回家选择衣食住行中的任一方面查找科学资料，然后进行文字或图画说明。

教师会在优秀作品中遴选部分，让相关学生做全班的展示交流。

3. 展示交流

展示交流，多方位评价，正面激励触发学生的学习热情。

对于学生的学习，教师还是主张以激励为主。因此，学生都可以通过学习单完成自评和互评，同伴激励评价往往是很有效的环节，教师评价也会激励新发现、新思考。

最后的活动环节就是课堂展示交流。

表3　《当个小小未来学家》学习单

我的足迹						
我选择的主题	请在□打钩　衣□　食□　住□　行□					
我的疑惑 (我的兴趣)						
我的发现						
评　　价	自我评价		小组评价		教师评价	

这样的展示交流一方面能让学生互相分享体验和感受，进一步丰富学生的视野和想象力，另一方面对于展示的学生是极大的肯定，激励学生进一步学习。

比如，在《当个小小未来学家》的活动中，有的同学发现自己对“衣”感兴趣，于是回家后进一步查找网络资源并加以想象，设计百年后的服装，再辅以生动的文字说明。杨同学在介绍她的设计面料时说到，现在很多人一不小心就会染上污渍，而这些污渍还偏偏很难洗。所以我们用最新的科技将丝绸和钠等成分混合在一起，做成没有副作用的服装面料。用这种面料做成的衣服，一旦染上污渍，衣服就会自动分解污渍，达到去除污渍，绝不留下痕迹的效果！虽想象大胆，却不无科学道理。听者频频点头，并脑洞大开，现场热情无比。

综上，我们的综合学习与场馆教育结合是一个遵循学科素养培育要求，遵循学科全面育人的原则，科学、有序、完整的过程。我们的模式旨在更好地彰显“教是为了不教”的育人理念，激励和指引学生学会运用探究性学习方法。

四、成效与进一步发展方向

（一）开拓教育资源，有效激发学生热爱科学，勇于探索的兴趣，提升学生综合素养

在本课题实践的班级中，两年内有 4 人获得区级语文活动的等第奖，1 人获得了上海市作文一等奖。这些成绩来得并非偶然。从本质上来说语文综合学习是一种“学习方式”，从目的上来说是提升“语文素养”，从手段上来说是借助“实践活动”，从学科归属来说属于“语文课程”。从实践来看，我们的学生在这样的校内外有机结合学习的方式中，对学习和探索具有更高的热情。

1. 校外场馆教育补充了校内教育的不足，使学生获得更直观的印象和知识

引领学生进入场馆，能更好地让学生对于相关知识有直观了解，从而为更好完成语文综合学习奠定了基础。比如，在《当个小小未来学家》的活动中，学生在场馆内可以直观了解到各种先进研制的布料样品、最新设计的交通桥梁模型、粮食的绿色种植、人类医学的前沿药物和科技产品等，还能学习到相应的知识简介。这些场馆教育所提供的知识和情境，恰恰有效补充了课堂教学的不足，也是网络环境等难以获得的学习经历。学生在情境中获得了跨学科跨领域的知识，这些恰恰又为语文活动提供了丰富的知识和科学元素。

2. 利用场馆，校内外教育融合，提升学生的科学和人文素养

我们在研究的两个“科学探索类”语文综合学习单元中，利用院士风采馆独有的科学资源，将我们的语文综合学习在校内外教育中加以融合。学生既有书本知识的准备，又有相关场馆资源的直接教育经历，之后又有设计说明，在学习的时空方面得到了拓展，很有效地激发了学生对自己感兴趣的知识有选择地深入学习。学生的科学意识、研究能力和语文人文素养得到提升。

（二）实现了教师对教材、新课程的再认识和再创造，促进教师在实践中提升教育教学素养

这样的实践也激发教师在国家课标和教材基础上，积极钻研，探索和提升适合学校、班级实际的个性课程的创造力，实现教师的教育能力和专业生长。

教师针对六年级第二学期第五单元综合学习《生活中处处有科学》就做了很大调整。本来的预设是《走近大科学家》专题探究。在实际单元教学中，联系课文《中国石拱桥》，设计综合学习相关活动中，有一个是“介绍一座上海的特色桥梁”。这样的任务引导学生既联系教材所学到的中国石拱桥的知识，又联系参观“院士风采馆”中相关桥梁模型展示和知识介绍的实际收获，因而部分学生就在完成此项任务时既去“院士风采馆”进一步观看了南浦大桥的实际模型和相关介绍数据，又在网上完成相关的探究活动，使综合学习活动与教学内容更具有延展性、统一性。

（三）获得区域课题立项支持，为后续深入研究提供原动力

在本课题研究中，因得到基地导师和专家的一次次深入引领和指导，尤其是导师在整个过程中手把手的教导、修正，教师对整个课题的框架和研究思路逐步清晰，研究能力也得到逐步的提升。

在此基础上，教师的研究有了更进一步的深入，此后还撰写了《依托乡土场馆资源创生初中语文综合学习课程的实践研究》科研课题申报，在 2017 年年初获得区教育局教育教学科研规划课题的立项。

（四）在后续研究中，组织方式有待于改进

在目前的实践中，主要还是由教师作为主要甚至是唯一的组织者。从活动开发到资源配置，还是去校外场馆学习参观，都是由教师亲自组织进行。教师精力毕竟有限，我们的课程要更好地开展，后续就需要家长的积极参与和组织，甚至是社会其他力量的融入。所以，今后的实践会逐步设计邀请家长共同参与到相关活动的组织中。对于这样的机制转变也有待进一步的研究。

基于学习共同体的少先队博物馆课程建设的研究和实践

——以“小八腊子玩转自然博物馆”为例

李　华

上海市黄浦区中华路第三小学

一、研究背景

博物馆是人类智慧的集合，它的专业性、直观性是学校教科书所无法呈现的。上海作为国际大都市，场馆资源之丰富有着其他地区不可比拟的优势。到博物馆情境中学习，符合少先队员心理特点，博物馆课程和队员们的学习活动相结合，使队员们对更广阔的知识天地有所涉猎，不断开阔眼界，扩展知识面。通过环境熏陶不断丰富内心，提升队员们的知识积淀与人文素养。

“小八腊子玩转自然博物馆”是对“基于学习共同体的少先队博物馆课程建设”这一课题的研究和实践。少先队博物馆课程注重多体验勤思考，是丰富少先队课程结构，丰富队员活动学习经历的新载体。以“为队员终身发展奠基”出发，建设“队员喜欢的学校”为宗旨，依据二期课改的精神，结合少先队“快乐活动日”的要求，利用校外场馆教育资源开设“新型体验课堂”进行初步科学有序地探索，是我们学校近年来对基础型课程、拓展型课程、探究型课程有机整合的新思路，也是校内外教育融合的新实践。

利用社会场馆的资源，促进队员综合实践能力的提升，其作用及积极的意义是毋庸置疑的。但是如何利用好这些资源，目前还存在一些问题：如有的学校已经有了利用社会实践场馆资源的意识和相应的活动，但是依然看到有“走马观花”地游一圈的现象。如何有效利用，且让资源优势最大化，还有待进一步地研究。再如，每所学校的办学特色、队员需求都不尽相同，如何有选择性地利用社会场馆资源，为我所用地去发挥最大的效能，还有待进一步地探索。

借“小八腊子玩转博物馆”的课题研究，解决学校在走进社会场馆中的问题，让我们学校的“小八腊子”能在社会场馆的实践、探究中，提升综合能力。

二、研究内容与研究方法

（一）研究目标

本校开发的博物馆校本教材，是引导孩子们到博物馆有目标、有组织、有计划、有方法的学习，它区别于春、秋游活动，我们计划每位同学在小学五年至少完成10次的博物馆主题学习活动，以培养学生乐于在博物馆中学习的习惯，掌握在博物馆学习的方法，学会从众多的展品中汲取营养，提高学生的综合素质。之所以把它定位于校本课程，目的是将其纳入学校教育教学的组成部分，以形成长效机制。

重多体验勤思考，丰富少先队课程结构，丰富队员活动学习经历，从“为队员终身发展奠基”出发，以建设“队员喜欢的学校”为宗旨，从拓宽队员视野、全面成长着眼，依据二期课改的精神，结合少先队“快乐活动日”的要求，对如何利用校外教育资源开设“新型体验课堂”进行初步科学有序地探索。

（二）研究内容

有计划地充分利用自然博物馆等校外教育基地的学习资源，结合少先队的快乐体验的时间和空间，通过有价值的主题活动，开辟快乐活动的新途径，增强队员们对学习资源和学习内容进行“问题化”“结构化”的认识与处理的能力。提高队员的学习兴趣，丰富其学习经历，在快乐的活动中学会学习、积累经验，提升素养、培养品格。队员每年一轮换，根据每个年级不同特点，开展相对应的各项活动；学校在原有基础上，进一步开发和利用自然博物馆等一切可以利用的科普教育基地资源，开展“玩转自然博物馆”的体验活动，丰富“小八腊子学课程”，以后我们还将结合文体节活动，选择“上海大剧院”“上海音乐厅”等场所为队员们的社会实践地进行新一轮的课程开发和实践。

（三）解决的问题

在物理学中，当策动力的频率与物体固有频率相等的时候，就会产生共鸣。实践活动如能与时代同步，能受队员们欢迎，能让队员成为主角，方能收到应有的效果。一方面要开发一批教育资源并在教育教学中发挥重要作用，另一方面在研究过程中总结经验，寻找规律，形成一套比较系统、实用的校外教育资源开发利用的理论成果。

（1）通过本课题的研究，转变教师的教育观念，开发一批具有一定水平的教育成果，丰富学校教育资源，形成一套比较系统、实用的校本课程体系。

（2）加强学校与家庭、社会的联系，拓宽队员教育领域，促进队员的健康成长和全面发展。

（3）通过课题研究，锻炼培养一支教科研教师骨干队伍，在研究教师自身得到有效提升的同时能够在学校工作中发挥辐射、带动作用，去带动一大批教师成长，去带动教研组高质量建设，去带动各个学科整体发展，去提升学校教科研内涵，为学校发展增添活力。

（四）研究过程与方法

1. 研究进展

2015 年 9 月至今，课题完成的研究工作如下：

（1）2015 年 9 月，形成并完善开题报告。

（2）2015 年至 2016 年 9 月下旬，组织了部分辅导员、学科教师学习，明确了研究目标、任务，并走进了自然博物馆，寻找各年级队员的探究任务。

（3）2016 年 10 月上旬，相关教师完成了“玩转自然博物馆”的方案。

（4）2016 年 10 月 23 日至 11 月 21 日，“玩转自然博物馆”课程学习、展示、评价。

（5）2016 年 11 月下旬，完成“玩转自然博物馆”探究学习的小结，寻找问题与突破点。

(6) 2016 年 12 月上旬，“玩转自然博物馆”课题中期汇报。

2. 研究方法

本课题研究主要以研究性学习为重点，以提高师生创新能力为主线，立足现实生活，采取行动研究法为主，边研究、边实践、边开发、边利用的方式，注重调查研究、师生体验、理论实践相结合。

(1) 文献研究法。通过对资源的收集、筛选、整理等挖掘和利用，为师生的教与学提供丰富的参考资料和人文精神的熏陶以及文化的滋养。

(2) 经验总结法。教师在各自的教育教学中研究，在研究中不断地总结经验，进行理性思考，撰写研究论文、相关的活动案例，课题组形成报告。

(3) 调查研究法。在第一阶段，根据少先队活动的特点，对各类资源的开发利用价值等再深入调查，从感性了解上升到理性认识。

(4) 行动研究法。即组织和引导师生走出校门，到自然博物馆等社会大学校中去参观访问、考察，收集素材，进行书面表达。结合课堂教学进行提炼与优化，总结可操作、可借鉴、可推广的方案。

(5) 案例研究法。积累若干案例，对校内外相结合资源的挖掘与利用进行反思。

三、研究主要成果

本次课程学习，突破了从校园到家庭的学习空间，将“小八腊子”玩转博物馆纳入到课程的学习中，把学习的空间拓展到社会，即利用自然博物馆的社会场地，在课堂中、家庭中学习、探究相关的知识或技能，并在自然博物馆中得到进一步的学习、实践，促进知识与技能的再提升。“小八腊子玩转博物馆”的实践探索主要成果如下：

1. “小八腊子玩转博物馆”的主题系列结构系列（见表 1）

表 1 “小八腊子玩转博物馆”的主题系列结构表

年　级	主　题	整合学科	场　馆
一年级	可爱的昆虫	自然	B2 缤纷生命主题馆
二年级	种子的萌发	自然	B2 探索中心课堂：鸟之巢 昆虫世界的伪装大师
三年级	遇见恐龙	信息	B1 演化之道主题馆
四年级	经度与纬度	数学	2F 起源之谜主题馆
五年级	我们生活的家园	数学	B1 未来之路主题馆

2. “小八腊子玩转博物馆”的学习内容和形式（见表 2）

3. “小八腊子玩转博物馆”的学习方式

队员的学习方式多样，在课堂中以学习知识、技能为主，课后队员可以通过上网、制作、实地探究等多种途径学习，可以是个体的学习，可以是师生间的学习，可以是亲子间的学习，也可以是同伴间的合作学习。

表 2　“小八腊子玩转博物馆”学习内容和形式

年级	主 题	学科	内　　容	形　　式
1 年级	可爱的昆虫	自然	1. 初步认识一些昆虫的名称和特征 2. 能初步利用一些身边的材料制作昆虫小模型	(1) 在教师的指导下，认识一些不同特征和不同生活环境的昆虫 (2) 参观自然科技馆之“缤纷生命”主题馆，了解更多有关甲虫的知识 (3) 利用自己身边的材料(如：橡皮泥、铁丝、纸片等)制作一个昆虫的小模型
2 年级	种子的萌发	自然	1. 了解种子萌发所需要的条件 2. 了解种子萌发的过程以及生长的特点	(1) 通过课堂学习和查阅资料，了解种子萌发所需要的条件 (2) 通过动手种植种子，观察、记录种子萌发的过程，并以照片、记录单等形式制成小报 (3) 通过参观自然博物馆，了解更多有关种子的知识
3 年级	遇见恐龙	信息	1. 学会上网收集相关资料，了解恐龙的生活习性 2. 能运用电脑画图工具作画，完成恐龙 DIY 绘画	(1) 在课堂中，在教师的指导下，通过网上浏览下载有关恐龙知识 (2) 通过课堂练习，学会用画图软件绘画恐龙
4 年级	经度与纬度	数学	1. 初步了解“数对”并能正确表示 2. 能在具体情境中，运用“数对”知识解决实际问题 3. 了解“经度纬度”的相关知识	(1) 在课堂中，在教师的指导下，通过自主阅读材料，了解“数对”“经度纬度”的知识 (2) 通过课堂练习，初步掌握数对的表示方法
5 年级	我们生活的家园	数学	1. 认识各类统计图 2. 能读懂统计图所提供的信息 3. 能根据统计图所提供的信息做出合理的推测，并提出相关的建议	(1) 在课堂中，通过自主阅读材料，认识各类统计图，并能解读统计图所提供的信息 (2) 通过小组讨论，能根据统计图所提供的信息，提出自己的意见和建议

4. “小八腊子玩转博物馆”的评价标准

制定各年级多元化的评价标准，结合少先队争章活动，以摘取“智慧果”(见图 1)的“绿苹果、红苹果、金苹果”评价方式，记录队员参加自然周、信息周和数学周的表现，队员自评、互评和教师的评价相结合，每个活动周中按不同等级苹果的队员数量及相应级别可获得校少先队活动课程“科技启明星”章和“小小智慧星”章。

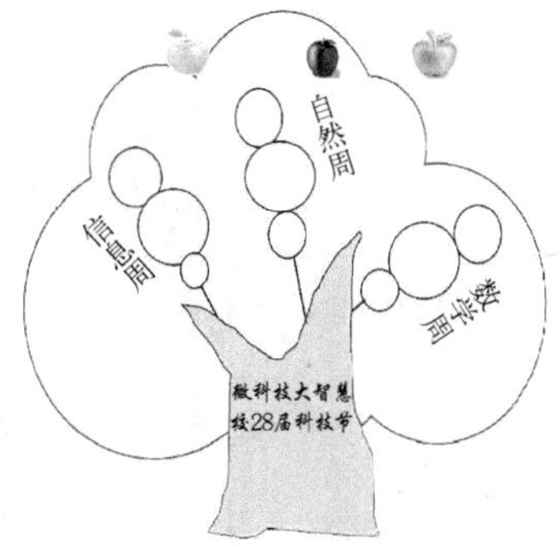

图 1　“小八腊子玩转博物馆”评价——“智慧果”

具体评价标准如表 3 所示。

5. “小八腊子”综合实践课程(活动)的能力

“小八腊子玩转自然博物馆”的课题从设计到实施到评价探究主题都相当明确,玩“转”自然博物馆,这是个过程性学习,每个阶段探究兴趣、方法、品质、探究成果,主要特点是不一样的,活动前,体现主体性,围绕“主体”设计学习内容也不同;活动中体现实践性、社会性,队员的合作能力也能从中反映和锻炼;活动后评价、展示,对照“能力序”(见表 4)让我们可以更加有的放矢,进一步提升少先队作用的发挥,从而也使得少先队活动的主体性、实践性、社会性、组织性特点均在“小手建家园”课程的学习中体现出来。

表 3 “小八腊子玩转博物馆”的评价标准

年级	主 题	活 动 评 价
1 年级	可爱的昆虫	能说出一些昆虫的名称、特点和生活环境 能说出一些昆虫的名称、特点和生活环境,并能利用身边的材料制作一个昆虫小模型 能说出一些昆虫的名称、特点和生活环境,并能利用自己身边的材料制作多个或精致的昆虫小模型
2 年级	种子的萌发	能知道如何种植种子,并观察种子萌发,进行记录 能在老师或同学的帮助下动手种植、观察种子萌发,并进行连续记录 能亲自动手种植、观察种子萌发,并认真记录
3 年级	遇见恐龙	结合本次课程的社会活动和三年级信息科技课内容、学会用电脑绘画软件 DIY 一份恐龙。评价标准:DIY 恐龙知识小报展示活动评价: (1) 学会用绘画软件画出恐龙特征 (2) 有恐龙简介 (3) 恐龙形象逼真或有生活场景画面
4 年级	经度与纬度	通过《天文射电望远镜全球分布图》寻找到三个指定射电望远镜的地点,将它的位置用数对的形式正确表示出来,并对其中的一个写清表示的依据。评价标准: 能用数对正确表示两个地点 能用数对正确表示三个地点 能用数对正确表示三个地点,并正确表述依据
5 年级	我们生活的家园	在 B1 层中,寻找统计图并拍照。将所拍的统计图打印结合所拍的统计图,进行解读,并提出自己的见解。评价标准: 能找到统计图并拍照 能结合统计图进行正确解读 在正确解读基础上,能提出自己的建议与意见

表4　队员综合实践课程(活动)能力培养目标序列

一级指标	二级指标	三级指标		
		低阶水平	中阶水平	高阶水平
探究兴趣	好奇心	对生活中、学习中的现象有一定的认识，并引起思考	对生活中的现象常常提出一些问题，并保持持久的关注	
	求知欲		对于不懂的问题，能主动地向他人询问，寻求帮助	能解决的问题，自己先想办法解决；不能解决的问题，再寻求他人的帮助
	质疑力	能对探究的主题，提出一两个研究性的问题	能对探究的主题，多问几个“为什么”，能想一想如何去解决	能提问，能追问，不轻易相信答案或结论，能主动修正所提的问题
探究方法	观察记录	能知道“看什么”、“怎么看”，观察有一定的顺序，能在他人的指导下，学会记录观察数据等信息	明确观察前、观察中、观察后的要求，能有顺序、有目标、较为精准地去观察，适当记录观察的数据等信息	
	调查分析		能根据研究问题，知道调查目的，合理选择并使用问卷，再开展相应的调查活动，能注意与人沟通态度、说话语气等	能明确调查目的，在他人帮助下，自主设计一些与探究主题相关的问卷，选取相应的问卷对象，完成问卷，并作一定的分析
	科学实验	在他人的指导下，能根据提供的实验器材，完成模仿实验，并能尝试记录简单的实验数据	在他人的指导下，能与合作伙伴共同寻找或自己主动寻找适合的试验材料，用于实验，并能记载主要的实验数据	能与他人共同寻找或自己主动寻找适合的试验材料，用于实验。在实验中，能主动排除实验干扰因素，并能遵从实验数据
	实践体验	能在他人的带领下，带着问题走进自然，走进社会，进一步掌握相关知识	能带着问题，在他人的带领下，走进自然，走进社会，增长知识，开阔眼界	能带着任务，主动走进自然，走进社会，有目的地参与一些社会实践活动或综合活动
	信息整理	能阅读他人提供的相关信息，拓宽知识	能在他人的帮助下，通过网络等途径，收集相关问题的资料	能通过网络、报刊等途径，收集与研究主题相关的资料，并适当筛选，进行信息分析，归类、归档整理
探究成果	产生结论	能用一、两句话，说明相关的研究问题	学会归类总结的方法，对探究的主题能产生比较正确的结论，有自己简单的看法	形成分析、归纳、推理的能力，有自己个人见解，独到且比较正确

（续表）

一级指标	二级指标	三级指标		
		低阶水平	中阶水平	高阶水平
探究成果	表现形式	能用照片、图片等简单方法，呈现探究过程	能通过小报、日记记载、简单统计图表等方法，呈现探究过程	能采取小论文、小报告、模型、多媒体等方法，创意表现探究过程，有一定的吸引力
探究品质	科学态度	认真参加各项探究活动，碰到问题能在他人的帮助下予以解决	积极参加各项探究活动，碰到问题不放弃，有一定的钻研精神	能标新立异，从“有疑—无疑—有新疑”，不断去获取与探究主题相关的知识与技能
	组织协调	能愉快地接受团队安排的任务，不以自我为中心，遇到困难不放弃，能积极听取他人的意见	能尊重、包容、评价他人，能根据个人特点选择团队活动的任务，能负责完成个人承担的任务；团队成员有困难，能主动地去帮助	能明辨是非，正确对待探究过程中遇到的问题，有一定的心理承受能力；能合理分配，主动听取他人意见，学会自主管理

四、问题与思考

（一）问题

博物馆课程是一门新的课程，很多教师对它还不够熟悉，为了更好地推进博物馆课程的实施，我们也积极开展了课题研究和实践，期待“小八腊子玩转自然博物馆”能在“基于学习共同体的少先队博物馆课程建设”这一课题的研究和实践中起到一定引领或借鉴作用。

将“玩转博物馆”的探究学习纳入到“小手建家园”的课程学习中，确保了课题研究的推进。此外还是要关注以下三个问题：

(1) 处理好课程学习与少先队活动之间的关系，让少先队活动特性能更好地凸显，还有待进一步思考。

(2) 处理好课程教学教师与辅导员之间的关系，让辅导员的组织、协调、指导的作用更好地体现在队员的课程学习中，还有待进一步思考。

(3) 以自然博物馆为范例，向外拓展，充分利用好社会教育资源，为队员的综合发展服务，还有待进一步规划。

（二）进一步研究的思考

(1) 研究少先队活动的特性，融入课程学习之中。

(2) 以“玩转自然博物馆”的探究学习为范例，寻找辅导员参与、指导、融合的“点”。

一是加强辅导员的专业发展。少先队活动以中队辅导员辅导为主。她们要根据学校的统一部署，制定课程内容、方式和计划；他们需要联系校外教育基地的合作单位，提供或解决活动所需要的一切实践素材和设备，组织队员各类综合实践活动等。

二是提高队员的能力发展。开发和利用场馆的有效资源，使活动变得生动；通过知识竞猜、游戏互动等途径开展活动，使队员们更加爱观察、爱思考，学习到更多的知识与技能，培养了其实事求是的科学态度和创新精神。

三是推动学校少先队工作发展。少先队活动是以校内知识为依托，有目的、有计划地开展社会实践的综合应用。校内活动课程与校外教育基地的整合，让队员获得情感体验，同时提高课程实施效果，进一步推动学校少先队工作的开展。校外教育场馆作为少先队活动课程的优质资源应该被重视并应用于少先队建设中。场馆不仅能为少先队活动提供宽敞的场所，还能根据队员认知水平精选周边的教育资源，配备专职讲师协助开展活动。

(3) 二年级参与“自然博物馆”探索中心的学习是一个成功的案例，对于其他年级要进一步思考如何拓宽自博馆的资源，充分利用场馆本身的硬件资源、软件资源，不断调整各年级“玩转博物馆”探究活动方案，力求年年有调整，年年有新意。

(4) 以自然博物馆为范例，向外拓展，充分利用好社会各教育资源，为提升队员综合能力服务。2017年，能拓展另一个社会场馆，开展“玩转……”的探究学习，并以此解决本次“玩转博物馆”中存在的一些问题，完善课题的研究目标、内容等。

区域内开展民族优秀传统文化教育资源建设的实践和探究

顾　琛

上海市浦东新区青少年活动中心

中国有着五千年文明历史，传统文化博大精深。2005年上海市教育委员会发布的《上海市学生民族精神教育指导纲要》中，强调要着力培养少年儿童对中华民族传统文化的认同感和归属感，研究小学阶段民族传统文化教育实践，使少年儿童深入接触中华传统文化，并在校外教育实践中学习和传承中华民族传统文化。

对学生进行民族优秀传统文化教育，需要整合学校、社区、企业等多种社会资源，共同挖掘中华民族优秀传统文化中的节庆文化、民俗文化、语言文化、民族技艺等内容，构建课堂内外的民族传统文化教育体系，促进学生综合素质的提高，培养学生传承、发扬中华民族优秀传统文化的意识和责任。

一、研究目标：构建民族传统文化教育一体化推进体系

1. 制定分学段教育目标

小学时期是发展和谐个性、品德和社会性的最好时机，这个时期的学生与成人之间更容易沟通，师生之间、亲子之间的关系更为融洽。小学生更是具有迅速性、协调性、开放性、可塑性的特点。小学时期，是成人了解儿童真实心理，从而进行教育的好时机，也是培养良好品质的好时机。同时，分年级制定教育目标，能让学生更明确自己在现阶段需要学习和掌握的内容，更为今后深层次的学习提供坚实的基础。

2. 探索课内外全方位育人方法

以提高人文素养为目标，以民族传统文化教育为抓手，以课程为切入点，在学科中渗透传统文化教育及传统技艺的教授，强化课内外、家庭与学校的对接，引导学生了解民族传统文化的历史渊源、发展脉络、精神内涵，增强文化自觉和文化自信，促进学生形成良好的思想品德和行为习惯。

3. 构建校外资源实践体系

整合社会、社区资源，构建学生民族传统文化教育的内容、途径、形式和实施的策略，探索学生民族文化传统教育的实践体系，探究校外教育开展学生民族传统文化教育活动的实践。

二、研究过程与方法

（一）研究过程

2015年7月确定主题，完成课题申请书。

2015年8月完成课题组人员建设，明确研究分工，进行研究要点梳理和相关

培训。

2015 年 9 月根据课题申报陈述时专家提出的意见对课题申报表进行修改和完善，进一步明确研究主题和研究方向。

2015 年 9 月至 10 月根据开题建议，重新梳理思路，修改调整课题申请报告，制订研究计划，完善研究步骤，重点内容定位在校外教育开展群文活动项目的梳理。

2015 年 10 月查阅资料，了解并分析校外教育群文活动现状。

2015 年 11 月参加华东校外教育年会，了解并分析地区内校外教育群文活动现状。

2015 年 12 月开展调研，了解并分析浦东校外教育群文活动现状。

2015 年 10 月至 2016 年 9 月在课题推进的同时，依据课题设计，在阵地活动、实践活动、节日活动等三大板块主题活动开展研究，在各类活动设计中聚焦研究内容，突显研究主题。

2016 年 10 月至 11 月依据实践课题中期汇报通知内容，我们对开题报告进行了修改完善，对照中期检查表中的栏目，对课题实施过程进行了回顾式梳理和小结。

2016 年 11 月至 12 月鉴于在课题研究推进过程中发现的问题，将课题研究重点转到“区域内开展民族传统文化教育资源建设”上。因此，选择区内两所小学的一至五年级学生共 1 800 多人在学校、家庭、社区开始了为期一个学年的“小学生民族传统文化教育实践活动”之旅。

1. 从“中华传统节日”入手

中华传统文化涵盖面广，难易不同，因此在开展活动中，将“中华传统节日”作为切入点，以“春节”“元宵节”“清明节”“端午节”“中秋节”“重阳节”等几大传统节日为主要教育载体，以通俗易懂、喜闻乐见的组织形式，如主题集会、班队会、社会实践、家校互动等，学习优秀的传统文化和技艺，弘扬民族精神，引导学生了解、认识、喜爱并过好每一个民族传统节日，同时让学生将传统节日文化融入日常生活中，培养他们逐步树立传承、发扬中华传统文化的责任和意识。

通过民族传统文化教育的实践，使学生认识中华民族传统文化，感受中华民族特有的文化精神和民族精神，提升人文素养和科学素养，培养健康的审美情趣和生活方式，并能够逐步养成健康的个性和良好的身心素质。

2. 以社团形式展开

活动以社团为组织形式，以主题集会和社会实践为主要活动方式，邀请社区居民、家长以及教师担任培训师，开展学生喜闻乐见的丰富多彩的传统节日文化传承活动，对学生进行传统技艺的培训，在活动中充分应用和体验，让学生对传统文化的学习和认知充满了兴趣，也让他们更直观地实践和参与，从而使学生了解、认识、喜爱传统节日并将传统节日的文化和传统技艺深深融入日常生活中。

社区为学校搭建了一个更广阔的平台，也让学生在这样的平台上感受更丰富更传统的文化浸润，而家长和孩子一起手牵手共同参与活动，更让学生感受到活动的意义和重要性，三方联动，带动了学校、家庭、社区乃至整个社会对传统文化教育实施和传承的新局面。

3. 与社区资源整合实施

整合学校、家庭、社会多方力量共同参与到活动之中，加大校外辅导员、家长等对学生民族传统文化教育的参与度。比如：

“元宵节”活动在社区举办“元宵灯会”;“清明节”与烈士陵园联合举办“祭英烈”活动;“端午节”在社区举办亲子“包粽子”比赛;“中秋节”到驻地部队举行文艺演出;“重阳节”去敬老院陪爷爷奶奶们一起过节……探索社区资源在民族传统文化教育中的功能、作用如何更有效地发挥,从而加大对民族传统文化精髓的挖掘。

(二) 研究方法

1. 调查法

主要用于准备阶段对青少年儿童参与活动的兴趣、态度、学习能力等方面及团队合作精神、合作意识、实践能力等内容。通过问卷、座谈、观察等方法,做出客观与科学地分析。

2. 行动研究法

行动研究的基本程序是:计划—实施—观察—调整。

按照课题调查的情况,在课题实施阶段,对行动研究的课程内容及其实施的途径、策略、模式、方法和评价等,进行实施操作的细化设计,拟订行动计划;然后,依据计划,开展相关活动;在实施体验过程中,对课题研究进展情况进行及时了解,仔细考察,将有关情况和出现的问题作认真记录,积极反馈;最后,对反馈信息进行分析、整理、思考,找出问题和分析问题存在的原因,修改完善实施计划,然后进行第二轮的实践研究。

3. 案例分析法

主要用于对个案对象实施个案跟踪,建立个案资料,开展案例分析,进行信息处理。

4. 经验总结法

对于研究中出现的问题进行分析思考,定期交流与探讨,总结经验,不断创新,也是用于总结阶段教师专题研究成果的总结。

三、研究主要成果

(一) 论文《开展学生民族优秀传统文化教育活动的实践与思考》

从区域内开展小学生民族传统文化教育活动的途径、方法、成效等方面完成《开展学生民族优秀传统文化教育活动的实践与思考》的论文撰写。

(二) 教材《浦东新区青少年活动中心节日活动课程之民族传统节日》

从春节、清明、端午、七夕、中秋、重阳等六大传统节日入手,通过了解节日由来、体验节日习俗、讲述节日故事、完成节日小任务等介绍节日的历史渊源、精神内涵、文化习俗,增强传统节日的体验感和文化感。

(三) 教案集《中国符号》(课程纲要)

每个国家都有着属于自己的印记元素,中华文化源远流长,博大精深,其符号文化亦丰富深邃,自成系统,通过《走进汉字》《书法国画》《中国剪纸》《京剧脸谱》《华衣汉服》《精致盘扣》《斗拱艺术》《中国的桥》《舌尖味道》《品茶论茶》《中医中药》等课程设置,让学生认识到悠久的中华传统文化是我们民族精神宝库中永恒的文化积淀,树立传承、发扬中华传统文化的责任和意识。

四、成效与反思

(一)“优秀传统文化教育”的活动要满足学生合理需要的行为

我们所开展的活动如果不是学生需要的,且是他们不感兴趣的,那么我们的一切行为都是无用的。以传统节日为切入点,在社会大环境的渲染之下,进行适时地引导和指导,让学生在热闹的氛围中体验快乐的同时，既了解了节日文化习俗，更掌握了传统技艺，从而激发了学生的参与兴趣，满足了他们的道德需要。

（二）学科教学是“优秀传统文化教育”渗透最直接最重要的渠道和方式

通过学科教学来陶冶情操，修炼，纯化心灵，并与课外活动相辅相成，相得益彰，提升“优秀传统文化”教育的效果，让学生在进行学科学习的同时获得情感上的积极体验，在情感陶冶中接受教育。

（三）整合利用社区、家庭资源

充分利用社区和家庭的教育资源，整合三方力量，为开展优秀传统文化教育实践活动，提供更广阔的平台。

如邀请社区辅导员为学生教授制作香袋、面艺、中国结等等，邀请家长和学生共同参与，共同制作小黄花、包粽子、参与传统文化知识竞赛、亲子民间传统游戏等等，唯有这样的资源整合，才能真正形成合力，提高教育的实效性。

（四）为孩子快乐童年增色

任何教育活动都有其特有的价值属性，但都脱离不了教育的“元价值”，就是让孩子在活动中成长，让孩子在活动中体悟，为孩子的快乐童年增色。

在整个研究过程中，涌现出了丰富的教育资源，我们将进一步挖掘“小学生民族优秀传统文化教育实践活动”教育价值，收集、整理学生在活动中的成长案例，提升教育实践活动的价值，总结经验进行推广和借鉴。